상처받은 나와 마주하기

자신을 살피는 것이 먼저다

내면에 있는 자신과

서로 마주 하고

상처의 본질을 파악하라

상처받은
나와
마주하기

린지 홀 · 리콘 공저 | 김지영 옮김

브라운힐
BrownHillPub

Cast yourself in your life!
당신의 인생에 당신 자신을 케스팅하라!

당신의 인생에 당신 자신을 케스팅하라!

'자신을 좋아하게 되는 것'이야말로 '다시 일어날 수 있는 수단'임과 동시에 목표 지점이기도 하다. 당신이 어떤 문제를 안고 있다 할지라도 자신을 좋아하게 됨에 따라서 알코올이나 마약, 나쁜 습관 따위에 의존이 없이 좀 더 충실한 인생을 살아갈 수 있게 된다.

왜냐하면 당신이 자신을 받아들이고 본심을 따라 행동하며 사랑과 자신을 가질 수 있게 되는 날까지 자신을 좋아한다고 하는 심정이 항상 자신을 지탱시켜 주기 때문이다.

이 책에서는 자신을 좋아하려면 어떻게 해야 하는지 그 단계를 20가지로 설명하고 있다.

각 단계에서는 각각 독립된 생각을 언급하고 있는데, 어떤 것은 경험담이기도 하고 또 어떤 것은 자신의 생각을 다른 각도에서 보게 하기 위한 의도도 담겨 있다.

그 생각을 자신에게 적합하게 변화시키고 실행하여 도움이 되도록 하기 위한 실천적 수단이 '자기 점검'이다. 어느 단계에서든지 자기 점검이 부가되어 있으므로 적극적으로 시도해 보기 바란다.

먼저 각각의 단계를 읽은 다음 전체의 내용이 파악되면 자기 점검을 해보도록 한다. 이 시점에서는 거기에서 제시되는 질문이나 과제가 당신 자신과 얼마만큼이나 관련 있는지 충분히 시간을 들여서 곰곰이

'생각해 보는 것이 무엇보다 중요하다. 각 단계, 자기 점검의 표제는 그 어느 것이나 그 내용을 적절하게 간추린 것이므로 반복하여 머릿속에서 읽어보고 포인트를 기억해 두기 바란다.

나쁜 습관에서 벗어나 '다시 일어나려고' 다짐하는 분들을 위해 직접 상담하는 형태로 쓰여 있으므로, 반드시 고치려고 하는 의지만 분명하다면 많은 도움을 받을 수 있으리라 생각한다.

사람은 누구나 가치 있는 존재다. 다만 지금 안고 있는 '문제' 가 그것을 깨닫지 못하도록 방해하고 있을 뿐이다.

이러한 상황에서 벗어나려고 할 때 가장 중요한 것은 자신에게 가치가 있음을 스스로 인정하고 그것을 키워나가는 일이다.

자신을 소중히 여기게 되면 이상한 일이 일어난다. 좋아지는 사람들이 많아지고, 좋게 여겨지는 일이 많아지게 된다. 그리고 하고 싶었던 일이 뜻대로 되지 않았다 해도 자신을 용납할 수 있게 되며, 긍정적으로 생각할 수 있게도 된다.

용기가 솟구치고 융통성이 생겨나기 시작해서 다른 사람을 위로할 수도 있고, 자신을 절제할 수도 있으며, 소탈하고 익살스럽게 되기도 한다.

내 인생의 목적은 자신을 좋아하게 되는 것이다. 자신이 좋아지면 정신적으로나 육체적으로나 그리고 감정적으로도 자신을 지탱시켜 나갈 수 있다.

폭식증에 걸려 있던 내가 '다시 일어날 수' 있게 된 것도 내 자신이 좋아졌기 때문이며, 그것에 의해 내 자신에게 재능과 사랑이 담뿍 갖추어져 있음을 인식하게 되었다.

현재의 내 자신을 생각하면 기쁨으로 가슴이 뿌듯해진다. 부모님이나 형제, 자매, 여러 친구들, 아이들, 나의 일, 집에서 기르는 개조차 사랑하는 마음으로 충만해진다. 자신을 좋아하게 되어감에 따라 모든 사람들과 눈에 보이지 않는 연결의 고리로 맺어지는 것 같은 기분이 드는 것이다.

확신을 갖고 말하건대, '자신이 좋아진다고 하는 심정'은 당신이 자신에게 선물할 수 있는 가장 중요한 보물임에 틀림없다.

그러므로 나는 여러분에게 이렇게 말하고 싶다.

"당신의 인생에, 당신 자신을 캐스팅하라."

앞으로 넘기는 페이지에서 만나게 되는 여러 가지 방법이 그것을 도와주리라고 나는 믿는다.

차례
contents

무엇이 '문제'인가

지금 당신의 마음을 괴롭히고 있는 것은 무엇인가?

마음의 트러블은 이 세상에 살고 있는 수많은 사람들의 숫자만큼이나, 아니 그 이상으로 헤아릴 수 없을 정도로 많다.

지금 당신을 괴롭히고 있는 마음의 트러블은 다음 중의 어느 것에서 비롯되는가?

- 알코올·마약을 즐긴다.
- 폭식·거식증을 가지고 있다.
- 남에게 의존하는 성격이다.
- 심한 우울증을 가지고 있다.
- 집단에 의해 괴롭힘을 당하는 피해자다.
- 불안증이 심하다.
- 용모나 능력에 대한 강한 열등감을 갖고 있다.
- 가정 내의 불화로 시달린다.
- 일 중독증이다.
- 도박광이다.
- 과잉 쇼핑 중독증이다.
- 섹스광이다.

당신은 자신의 몸과 감정을 지키기 위해
'문제'를 만들어내고 있을 뿐, '문제' 자체가
당신은 아니다. 당신 자신을 가치 있는
인간이라고 믿으면서 좋아하려고 노력한다면,
'문제'는 오래지 않아 사라질 것이다.

이것이라고 확실하게 짚이는 사람이 있는가 하면 이들 중의 몇 가지를 더불어 가지고 있는 사람, 혹은 여기에 열거되지 않은 다른 증세에 시달리고 있는 사람도 있을 것이다. (그것이 어떤 트러블이든 이 책에서는 당신이 지금 안고 있는 괴로움을 '문제'라고 부르기로 한다. 본문과 글꼴이 다르고 작은따옴표가 붙어 있는 것이 '문제'이다. 따라서 보통 문제와 구별해 주기 바란다. ― 역자 주)

여기에서 먼저 말해 두고 싶은 것은 '그 '문제'가 당신 자신은 아니다.'라는 점이다. 때문에 자기 자신과 '문제'를 분리해서 생각해야 함을 잊지 말기 바란다.

'문제'가 되고 있는 것 자체가 당신은 아니다. 당신은 자신의 몸과 감정을 지키기 위해서 그 '문제'를 만들어내고 있을 뿐이다.

'문제'의 속, 베일 저편에 숨겨져 있는 사람이 보이는가? 그 사람이야말로 인간으로서 하늘로부터 부여받은 감수성·지성·창조성·사랑과 기쁨 등을 더불어 갖고 있는 '진정한 당신'인 셈이다.

만약 당신 자신을 가치 있는 인간이라고 믿으면서 좋아하려고 노력한다면, '문제'라고 여겼던 것은 오래지 않아 사라질 것이다.

당신의 '문제'는 마약 중독이나 거식증같이 생명과 관련 있는 것일 수도 있다. 그것도 아니면 무슨 일이든 남에게 의존하려는 의존증이나 도박 중독과 같이 생활을 위협하는 것, 혹은 사회적으로 성공하기 위한 완벽주의나 엑서사이즈(exercise)광 — 풀장에서 매일 1㎞씩 수영을 하겠다고 정해 놓았는데, 업무 따위로 예정이 틀어지게 되면 그것이 신경 쓰여 견딜 수 없는 사람 — 일지도 모른다. 또한 이렇다할 분명한 이유도 없이 사소한 걱정에 사로잡혀 항상 가슴을 졸이는 성격이든지, 무슨 일에나 자신만의 주장만을 관철하려고 고집을 부려서 주변 사람들과 끊임없이 트러블을 일으키는 성격의 소유자인지도 모른다.

'문제'가 무엇이든, 그것은 당신이 지금까지 자라온 환경과 인생 경험에서 파생되어 나온 것이라 할 수 있다.

당신은 지금까지의 인생에서 오랜 시간에 거쳐 신념이나 가치관·사고방식·가족이나 친구에 대한 애정이나 두려움 따위를 자신 속에 만들어 왔고, 또한 그 모든 것들을 자연스레 몸에 익히면서 살아왔다. 때문에 '문제' 역시 그 가운데서 만들어졌음이 분명하다.

그 '문제' 때문에 당신이 곤란해졌을 때는 언제인가? 무엇인가를 배워야 할 필요가 있다는 것은 어떻게 깨닫게 되었는가?

존 브라드쇼는 《브라드쇼 — 가족에 대해서》라는 책에서, 끊으려고 해도 끊지 못하는 '나쁜 습관', 이른바 강박성 상습 행위라는 것에

'문제'가 무엇이든, 그것은 당신이 지금까지
자라온 환경과 인생 경험에서 파생되어
나온 것이라 할 수 있다. '자신의 감정을
변화시켜 주는 것과의 병적(病的)인 연결,
즉 인생을 엉망으로 만들 우려가 있는 것.'

대해 이렇게 정의를 내리고 있다.

'자신의 감정을 변화시켜 주는 것과의 병적(病的)인 연결, 즉 인생을 엉망으로 만들 우려가 있는 것.'

나의 해석도 이와 흡사하므로, 이 정의에 따라 당신의 '문제'를 생각해 보려 한다.

만약 당신이 유쾌한 기분을 맛보기 위해서, 또는 언짢은 기분을 피하기 위해서 '어떤 행위'를 계속하고 있다고 하자. 그렇지만 그것에 의해서 행복감도 얻지 못하고 인간으로서의 성장도 하지 못하게 된다면, 당신은 역시 '문제'를 안고 있는 것으로 보아야 한다.

아마도 애초에는 대수로운 일이 아니었을 것이다. 곤란한 다른 일을 해결하는 하나의 방법으로 생각해 낸 일인지도 모른다. 나의 경우는 그러했으니까…….

나는 틴에이저 시절에 허벅지가 무척 굵은 편이었다. 지금 생각해 보면 그토록 신경 쓸 정도의 일도 아닌데도, 당시의 나로서는 견딜 수 없는 괴로움이었다. 모두가 호리호리한 체형을 선호했기 때문에 날씬해지는 것이 무엇보다도 중요하다고 생각했었다.

나는 여러 종류의 다이어트를 시도해 보았으나 도무지 뜻대로 이루어지지 않았다. 그러던 끝에 먹은 것을 토해 버리면 간단히 날씬해질 수 있지 않을까 하는 생각을 하게 되었다. 먹고 싶은 것을 참을 만한 강한 의지가 없었던 나에게는, 실컷 먹고 나서 토해 버리는 것이야말로 먹고 싶은 것도 실컷 먹고 날씬해질 수 있는 일거양득의 방법이라 여겨졌던 것이다.

그러는 사이에 먹기만 하면 토하는 것이 습관이 되어 버렸고, 그 결과 폭식증이라는 병에 걸리고 말았다. 그런데 그것은 살이 찐다고 하는 두려움을 제거시키는 것 이상의 불안을 초래했으며, 내 인생은 '먹고 나서 토한다.'는 '행사'를 중심으로 맴돌기 시작했다.

'먹고 나서 토한다.'는 행위로 기분이 고양되면 타인에게 친절함을 보일 수 있었다. 또한 그 일에 몰두하고 있는 동안만큼은, 내 마음대로 되는 것이 없는 이 세상에서 모든 것이 내 생각대로 되어가고 있는 것 같은 기분에 사로잡히기도 했다. 그러면서 기분 나쁜 감각이 모두 마비되어서인지 즐거움만 느껴졌다. 하지만 시일이 더 지난 후에는 음식을 먹고 나서 토해 내도, 이전처럼 생각대로 감정이나 기분이 바뀌지 않았다.

나는 외톨이가 된 듯에 느낌에 사로잡혀 삶을 두려워했으므로, 지푸라기라도 잡는 심정으로 그 무엇인가와 관계를 맺고 싶어 했었다. 그리고 그 결과 매달리게 된 것이 폭식증이었다. 처음에 그것은 날씬

> 소극적인 방법을 습관화시키면 효과를
> 거둘 수 없다. 그때까지는 그러한 소극적
> 방법이 스트레스나 긴장을 제거시켜 주었으나,
> 어느 시점부터는 도리어 불안정한 요소들을
> 배가시키는 요인이 되기 때문이다.

해지기 위해서 무턱대고 시작한 다이어트의 한 방법이었지만, 어느 사이엔가 '인생을 엉망으로 만들어 버리는 병적인 상태'로 전락해 버렸던 것이다.

돌이켜보면, 나는 살아서 움직이고는 있었으나 인생에 참여하고 있지는 않았던 것이다.

이와 같이 소극적인 방법을 습관화시키면 효과를 거둘 수 없다. 그때까지는 그러한 소극적 방법이 스트레스나 긴장을 제거시켜 주었으나, 어느 시점에 이르러서는 도리어 불안정한 요소들을 배가시키는 요인이 되기 때문이다.

고통스런 일에서 벗어나 숨을 수 있는 장소로 삼았던 것이, 이제는 도리어 그 일로 인해 죄악감과 수치심에 빠지게 된다. 이렇게 되면 더 이상 어찌할 수 없다는 절망적인 기분이 되어, 어디론가 숨어 버리고만 싶어진다. 그러면서 육체적으로나 정신적으로나 그 특유의 증상이 표면화되어 나타나기 시작한다.

그리하여 컨트롤하고 있다고 생각했던 것에 도리어 자신이 컨트롤 당하고 있음을 인식하게 되면서 감정도 종잡을 수 없게 된다. 들떠서 기분이 좋은가 싶다가도 어느새 분노나 슬픔, 수치감 따위의 감정으로 빠져들고, 또다시 들뜬 기분으로 돌아가기도 한다. 그리하여 어떤 일을 해결하기 위해 사용했던 '수단'이 차츰 그것 자체가 '문제'가 되어 버려 커다란 짐이 되고 마는 것이다.

이런 상태에서 '다시 일어나려고' 할 때 무엇보다도 중요한 것은, 자신의 '문제'가 본질적으로 무엇인가를 파악하는 일이다. 아울러 '문제'를 해결하는 방법은 여러 가지가 있을 테지만, '자신을 좋아하게 되는 것'이 가장 유효한 수단이다. 이 점을 반드시 기억하기 바란다.

자신의 좋은 점이 느껴지면 자신을 고통스럽게 하기보다는 어떻게 해서든지 자신을 소중히 여기려는 생각이 생기게 되며, 이것이야말로 '다시 일어나기' 위한 수단이자 동시에 목표가 될 수 있는 것이다.

어떤 사람이든지 이러한 과정을 통해 자신의 마음 깊은 곳에서 '애정의 원천'이라 일컬을 만한 멋진 점을 인식하면 행복과 평안을 얻을 수 있다는 것이 여러 사례를 통해 입증되고 있다.

만약 오랜 세월 동안 완고하게 둥지를 틀어 버린 감정이나 습관에 의지해 왔다면, 골치 아픈 이 세상을 살아가는 방법이 그것밖에 없다고 굳게 믿고 있을지도 모른다. 하지만 방법은 얼마든지 있다.

그것은 자신의 진정한 가치를 깨닫는 것 — 있는 그대로의 자신을 좋아하고, 자기 이외의 타인의 가치를 인정하면서 다른 사람들을 좋아하는 것 — 이다.

오랜 세월 동안 완고하게 둥지를 틀어 버린
감정이나 습관에 의지해 왔다면,
골치 아픈 이 세상을 살아가는 방법이
그것밖에 없다고 굳게 믿고 있을지도 모른다.
하지만 방법은 얼마든지 있다.

'문제'를 안고 있는 지금의 생활을 청산하고 싶다면, 자신을 사랑하고 소중히 여기는 방법에 대해 배워야 한다. 그러기 위해서 이 책에서 소개하는 수단이나 방법을 그대로 실천해 나갈 것을 간곡히 권고한다.

'문제'의 정체를 파악한다

여기에서는 당신의 '문제'가 무엇인가를 확실하게 파악하기 위해 질문을 제시하고 있다. '문제'를 당신으로부터 분리시키기 위한 최초의 시도인 것이다. 나중에 다시 검토할 때 다른 답변을 하게 될지도 모르겠지만, 그런 것은 전혀 상관없다. 이것은 최초의 단계이므로, 나중 일은 신경 쓰지 말고 지금 바로 시작해 보기 바란다.

그러기 위해서 머릿속에서 답변하는 것으로 끝내지 말고, 반드시 글로 써 볼 것을 권한다. 그저 막연하게 생각만 하는 것보다는 글로 구체적으로 써보는 것이 자신에게 정직할 수 있기 때문이다. 또한 글로 써놓게 되면 나중에 다시 읽어보았을 때 자신의 진보를 확인할 수 있게 된다. 무엇보다도 '다시 일어나려고' 하는 주체가 바로 자신이며, 글로 쓰는 것 또한 자신을 위해서임을 잊지 말기 바란다.

종이에 쓰든지 컴퓨터에 입력하든지 상관없다. 그것도 귀찮다면 테이프에 녹음을 해도 좋다.

편안한 상태에서 머릿속에 떠오르는 것을 자신의 말로 표현해 보라.

1. 간단히 말해, 당신의 '문제'는 어떤 것인가?

2. 왜 그것이 '문제'인가?

3. 그것은 언제부터 '문제'가 되었는가?

4. 그것이 '문제'가 되기 시작할 무렵, 당신에게는 어떤 일이 일어났었는가?

5. 그 '문제' 때문에 어느 정도의 시간을 빼앗기고 있는가? (하루에 30분이라든가, 거의 하루 종일이라든가…….)

6. 그 '문제'에 대해 다른 누군가가 알고 있는가? 혹은 누군가와 상의한·적이 있는가?

7. 그 '문제'는 당신의 몸과 마음에 어떤 영향을 준다고 생각하는가?

'문제'또한
당신에게 도움이
되었음을
알아야한다

미국에서는 수년 동안 마음의 병을 안고 있는 사람들이 급증하여 커다란 사회 문제가 되고 있다. 이에 따라 이러한 사람들을 '다시 일으키기' 위한 조직이나 단체도 폭발적으로 증가하고 있는 추세이다. 또한 그 치료를 위한 방법에도 혁명적인 변화가 일어나고 있다.

여러 가지 전국적인 조직, 혹은 지역적인 조직이 마음의 병을 가진 사람들을 '다시 일어나게' 하기 위해 본격적으로 여러 가지 일들을 시도하기 시작했다. 세미나 또는 연구회, 서포터 그룹, 치료 시설, 중독·의존증을 치료하는 전문가 양성, 전화 상담, 라디오 프로 및 TV 특집, 신문 기사, 교육 프로그램, 모금 운동, 비디오 그리고 이 책과 같은 저작물들을 통해 다각적인 노력을 기울이고 있는 것이다.

아무튼 이토록 수많은 정보가 쏟아져 나오고 있다는 것은, 사람들이 안고 있는 마음의 병이 얼마나 심각한지를 보여주는 반증이라 여겨진다. 또한 이것은 자신을 소중히 여기지 않는 사람들이 참으로 많다는 다른 표현이 아닐까 싶다.

마음의 병을 치유하여 새롭게 일어서기 위해 진심으로 노력하고 있는 많은 사람들은 모두 자신의 마음속 깊은 곳을 파헤쳐 그곳에 무엇이 있었는지, 어째서 일이 그렇게 되었는지를 알고 싶어 한다.

> 우리는 버림받거나 거절당하는 것을,
> 그리고 외톨이가 되는 것을 두려워한다.
> 아울러 상처를 입게 되거나 미움을 받을까
> 싶어 마음을 졸이기도 하고, '인생이란 고작
> 이런 것인가?' 하며 불안에 휩싸이기도 한다.

그렇게 함으로써 '문제'라고 여기고 있던 것이, 사실은 자기 마음의 아픈 곳을 건드리지 않게 하기 위해 '방파제' 역할을 하고 있었음을 발견하게 된다.

단계 1에서도 언급했듯이, 우리가 안고 있는 '문제'는 자기 자신을 지키기 위해서 스스로 만들어냈던 것이다.

'마음이 아프다.'라고 한마디로 단정해서 말했지만, 그 안을 들여다보면 그곳에도 여러 가지 다양한 '문제'가 있음을 알 수 있다.

그중에서도 가장 큰 비중을 차지하는 것은 두려움이다.

우리는 다른 사람들로부터 버림받거나 거절당하는 것을 두려워하고, 외톨이가 되는 것을 두려워한다. 아울러 상처를 입게 된다거나 미움을 받지 않을까 하고 마음을 졸이기도 하고, '인생이란 고작해야 이런 것인가?' 하며 불안에 휩싸여서 분개하기도 한다. 그런가 하면 불평등하게 대접받고도 거기에 항의하지 않거나, 그렇게 할 수 없었던 자신을 무기력하게 느끼기도 한다. 부모나 타인으로부터 충분하게 사랑받고 있지 못하다는 것을 느끼면서도 좀 더 사랑받고 싶어 하는 심정을 어떻게 표현해야 좋을지 몰라 전전긍긍하기도 하고, 다른 사람의 말이나 행동이 자신과 전혀 달라 낙담하는 경우도 적지 않다.

하지만 그렇게 많은 고민 중에서도 가장 비참하게 여겨지는 것은

'나는 가치가 없다.'고 생각되는 감정이 아닐까 싶다.

그렇다면 '나는 하등의 가치가 없는 인간'이라는 감정은 어디서부터 생겨나는 것일까?

그 원인은 주로 우리의 가족 관계에서 비롯된다. 왜냐하면 평범한 사람들은 18세 정도까지, 깨어 있는 시간의 80% 이상을 가족과 함께 지내면서 많은 영향을 받으며 성장하기 때문이다.

가장 감수성이 예민한 유아기에는 하루 종일 가족(특히 어머니)과 함께 지낸다. 그러다가 차츰 나이를 먹어가면서 점차 어머니로부터 떨어지게 되는데, 그것은 어른이 되는 준비 과정으로서 '내가 누구인 가?'를 알아가는 단계라고 할 수 있다.

우리는 가족 안에서 가족들이 자신에게 어떻게 대하고 있는지, 자신 이 어떤 식으로 여겨지고 있는지를 통해, 자기가 어떤 사람인지를 알아가게 된다. 다시 말해, 가족에게 자신을 비추어 봄으로써 자기상 (自己像)을 정립해 가는 것이다.

그런데 가족이 아무도 자기를 좋아하지 않는다면 어떻게 될까? 가 족이 자기를 좋아하지 않는다는 사실을 알게 되면, 대개는 본인도 자기 자신을 좋아하지 않는다. 그래서 사랑받지 못하고 자란 사람은 타인은 물론이고 자신마저 사랑하지 못하여, '문제'를 안게 되는 경우

2단계 · '문제' 또한 당신에게 도움이 되었음을 알아야 한다 27

> 우리는 가족 안에서 가족들이 자신에게
> 어떻게 대하고 있는지를 통해, 자기가 어떤
> 사람인지를 알아가게 된다. 다시 말해,
> 가족에게 자신을 비추어 봄으로써
> 자기상(自己像)을 정립해 가는 것이다.

가 적지 않은 것이다.

만약 가족들이 어린 당신을 부족하고 능력이 없으며 무가치한 인간이라는 식으로 취급했다면, 당신은 그것을 당연하게 받아들이고 그렇게 믿을 것이다. 그리하여 자포자기하는 심정으로, 자신을 하찮게 여기는 사람으로 성장하여 '문제' 속에 파묻힐 가능성이 높아지는 것이다.

또한 우리는 사회나 문화, 동료, 처해진 환경, 기타 여러 가지 상황에 영향을 받는다. 가령, 사회에서 '날씬한 몸매는 건강에 좋고 아름다운 것이며, 뚱뚱한 몸매는 건강에 좋지 않고 외관상 보기 싫다.'라고 주장하고 있다 치자. 그렇다면 체질적으로 뚱뚱한 사람이라도 자신이 싫게 여겨질 것이 분명하다.

그런데 텔레비전을 보고 있노라면 행복해 보이는 가족은 어떤 트러블일지라도 그것을 30분 안에 해결하는데, 왜 우리는 트러블 속에서 헤어나지 못하고 있는 것일까? 아마도 그것은 필시 자신이 나쁜 탓이라고 결론지어 버리고 포기하기 때문이 아닐까 싶다.

그렇다면 이러한 마음의 번민과 만나게 되었을 때, 사람들은 어떻게 대응한다고 생각하는가?

대부분은 무의식중에라도 그 번민에 길들여지려고 한다. 요컨대 순응하려고 하는 것이다. 왜냐하면 사람은 육체적으로나 정신적으로

나 살아남기 위해서, 쉬운 쪽을 선택하려는 본능이 있기 때문이다.

그 결과 대부분의 경우는 '구제 불능한 무능한 자신'의 존재를 부정하며 마음 한구석에 몰아넣고 억눌러 버리면서 자신으로부터 분리시켜 버린다. 그 대신 자신이 지금 처해 있는 괴로운 상황에 잘 융합할 수 있는 새로운 '자신'을 만들어낸다.

그래서 다른 사람들로부터 보호받고, 소중하게 여겨지며, 그들의 마음에 들어 사랑받는다는 것을 느끼기 위해, 설령 나쁜 짓이라도 거리낌 없이 해치우는 사람도 생겨난다.

그러나 어떤 짓을 하더라도 다른 사람들로부터 사랑받고 보호받는다는 감정을 느끼지 못하는 사람이 간혹 있는데, 그런 경우에는 마음의 고통을 마비시켜 주는 '무엇인가'를 찾아내어 구원을 요청하며 간절히 매달리는 수밖에 없다.

자네트 제이콥슨의 이야기를 하고 넘어가자.

그녀의 '문제'는 자살의 충동에 사로잡혀 있다는 것이다.

그녀의 어머니는 감정을 겉으로 표출하지 않는 것을 모토로 삼았던 사람이고, 오빠는 그녀를 미워하며 늘 괴롭혔다. 아버지는 아버지날에 "아빠, 사랑해요."라고 말을 건넨 딸 자네트를 무정하다 싶을 정도

어떤 짓을 하더라도 다른 사람들로부터
사랑받고 보호받는다는 감정을 느끼지
못하는 사람이 간혹 있는데, 그런 경우에는
마음의 고통을 마비시켜 주는 '무엇인가'를
찾아내어 간절히 매달리는 수밖에 없다.

로 거칠게 떼어내는 냉정한 성격의 사람이었다.

마음의 병을 극복하고 '다시 일어난' 사람들의 실제 이야기를 모은
체험 수기집 ≪리커버리(recovery, '회복' 또는 '재기'의 뜻)≫에서 자네
트는 다음과 같이 회상하고 있다.

"매일 매일의 생활을 통해서 '느낀 것을 그대로 표현하는 것은 위험
하다. 그렇게 하면 가족들로부터 거절을 당하고, 상처를 입게 되며
쫓겨날 것이다.'라고 판단하고 있는 자신이 보인다.

무슨 일이 있든 표면상으로는 늘 웃음을 띠는 것을 중요시여기는
어머니는 나를 가리켜 '막 되먹은 나쁜 아이'라고 규정지었다. 늘 '넌,
대체 왜 그러니?' 하고 물었다."

다른 사람들의 사랑을 받고 그들의 마음에 들기 위해 자네트는 자신
을 바꾸려고 노력했다. 10대 시절에는 남들의 주목을 받기 위해 화려
한 복장을 해보았으나 도리어 '나쁜 아이'라는 평판만 듣고 말았다.

그래서 이번에는 이미지를 180도로 바꾸어서 얌전한 복장을 하고,
공부 잘하는 우등생이 되어보기로 했다.

하지만 무슨 일을 시도해도 가족들로부터 사랑을 받지 못한다는
것을 느끼게 되자 견딜 수가 없었다.

"오랜 세월 동안 나는 시계추마냥 두려움과 분노의 사이를 왔다 갔

다 하며 거기서 빠져나올 수가 없었다. 좋은 아이가 되었다가 나쁜 아이가 되기도 했으며, 성녀인가 싶으면 어느새 마녀가 되어 버렸다.

그리고 어느덧 어른이 된 이후로는 몽유병 같은 마비의 세계로 이끌려 들어가 자신을 괴롭히는 극한 행위에서밖에는 위로를 얻을 수 없게 되었다. 자기혐오가 강력한 염산처럼 자신을 좀먹어 들어오며, 이 고통 속에서 빠져나가게 해주는 것은 죽음밖에 없다고 여기게 되었다."

죽음의 유혹에 사로잡힌 자네트는 자살 행위를 여러 번 되풀이했다. 면도칼로 손목을 끊기도 했으며, 술과 수면제를 함께 마시는 치명적인 방법을 택했을 때는 36시간이나 혼수상태에 빠져 있기도 했다.

실제로 몇 번이나 죽으려고 시도했는데, 그녀에게 있어서는 자살을 생각하는 것 자체가 살아가는 괴로움에서 도피할 수 있는 유일한 방법이었다.

그녀도 시인했던 것처럼 '죽으려고 하는 생각이 살아가는 데 위안이 되어주었다.'는 것이다. 이렇게 죽을까, 저렇게 죽을까 하며 자살 방법을 여러 가지로 궁리함으로써 살아 있는 괴로움을 잊고, 안식이란 것은 어떤 것일까 하고 상상하게 되었다.

그녀 자신은 어머니 탓에 이토록 불행하다고 하는 괴로운 심정을 자살을 생각함으로써 위로를 얻고 있었던 것이다. 그것은 어둡고 답답

자네트에게는 '죽으려고 하는 생각이
살아가는 데 위안이 되어주었다.'
자살 방법을 여러 가지로 궁리함으로써
살아 있는 괴로움을 잊고, 안식이란 것은
어떤 것일까 하고 상상하게 되었다.

한 심정의 배출구로서 안성맞춤이었다. 다시 말해, 죽음의 유혹에 사로
잡히게끔 만든 심각한 '문제'가 그녀에게 커다란 도움을 준 것이었다.

생에 대한 완전한 자포자기 상태에서 '이번에야말로 마지막이다.'
하고 시도했던 자살 계획은 너무나도 어처구니없는 것이었다. 그것은
우선 확실하게 죽기 위해 여러 가지 알약을 혼합하여 100알을 삼키고
나서 그 누구에게도 발견되지 않을 장소, 곧 쓰레기더미 밑에 파묻혀
서 죽으려는 계획이었다.

그녀는 당시의 심정을 이렇게 적고 있다.

"쥐가 내 몸 위를 마구 기어 다니며 여기저기를 갉아먹고 있는 모습
을 상상했다. 내가 내 자신과 내 인생을 어떻게 생각하고 있었는가를
모두에게 알려주기 위해서는 쓰레기더미에 파묻혀서 죽는 것이 가장
좋은 방법이라 여겨졌다."

자네트는 그때까지 살아가는 일에 있어서나 죽는 일에 있어서, 어느
것에도 진정으로 전념하지 못한 채 지내왔다.

그런데 어느 날, 자네트는 자신이 미처 생각지도 못했던 사실에
대해 새롭게 눈을 뜨게 되었다. 쓰레기더미 밑에서 죽으려는 자살
계획의 실행을 눈앞에 두고 있던 날이었다.

"'나는 자살한다는 생각에만 강하게 집착하고 있구나. 마치 알코올

중독증에 걸린 사람이 술에 손을 뻗듯이, 난 자살하려는 생각에만
빠져있는 것은 아닐까?' 하는 것을 깨달았다.

자살이란, 나에게 있어서 스트레스에 시달려 견딜 수가 없거나 현실
에서 맞닥뜨리는 생활이 너무도 무가치하게 느껴졌을 때의 '도피처'였
던 것은 아닐까.

나는 자살을 시도할 수 있다는 생각에 의해서 내 스스로도 자신을
컨트롤할 수 있다고 믿어 왔으며, 그것이 나의 아이덴티티(자신의 존재
증명, 자기 확인)와 존재감의 일부가 되고 있었던 것이다.

그때까지는 죽어야만 하는 이유를 모으고 있던 내가, 그 이후로는
어떻게 하면 살아갈 수 있을까 하는 이유를 모으기 시작했다."

이렇게 하여 그녀는 명상, 식사 요법, 규칙적인 운동, 친구들 간의
카운슬링, 공부 모임, 인간관계의 개선, 규칙적인 운동 등을 시행하여
자신이 좋아하게 되는 일에 몰두했다.

남을 미워하고 원망할수록 가장 괴로워지는 사람은 다른 누가 아닌
바로 자기 자신이라는 사실을 깨닫고 나서는, 어머니에 대한 분노를
삭이게 되었다.

오랜 세월이 흐른 뒤, 자네트 제이콥슨은 어떻게 하면 자신을 사랑
할 수 있는가를 알게 된 것이다.

마음속 깊이 잘 생각해 보라. 사실은 당신이
사로잡혀 있는 의존증이나 중독, 자학적
행위, 자신을 무가치한 인간으로 여기는
부정적인 사고방식에서 당신은 나름대로의
의미를 찾아내고 있었던 것이 아닐까……

　당신이 힘들고 무의미하게 지내왔던 세월 속의 '문제'가 실제로는
당신이 살아오는 과정에서 도움이 되고 있었지만, 지금의 당신이 그것
을 부끄럽게 여기지 않는 것은 생각처럼 쉽지 않다.

　하지만 마음속 깊이 잘 생각해 보라. 사실은 당신이 사로잡혀 있는
의존증이나 중독, 자학적 행위, 자신을 무가치한 인간으로 여기는 부
정적인 사고방식에서 당신은 나름대로의 의미를 찾아내고 있었던 것
이 아닐까……

　그것은 때로는 위로가 되어주면서, 도피처가 되어주었던 것이다.
그렇기 때문에 당신은 그것을 계속 시도해 왔던 것이다.

　새로운 시점에서 이 '문제'의 견해를 바꾸어서 생각해 본다면, 당신
에게 '다시 일어나려고' 하는 마음의 준비가 될 때까지 그 '문제'가
시간을 벌어주고 있었던 셈이다.

　따라서 그동안은 인생의 고통에 대항하여 맞설 준비가 되어 있지
않았지만, 지금은 그걸 할 수 있다고 생각해 보기 바란다. 이제부터는
지금까지의 경험이 다른 의미에서 도움이 될 테니 말이다.

　'문제'가 당신에게 도움이 되었다는 것을 확실하게 이해한다면, 그
것은 어떻게 하면 '다시 일어날 수' 있는가를 당신에게 알려주는 단서
가 될 것이다. 처음부터 전부를 이해하는 것은 쉽지 않겠지만, 조금씩

알아감에 따라 그때마다 하나씩 껍질을 깰 수 있는 것은 물론이고 그럼으로써 다음 한 걸음을 내딛는 것이 훨씬 수월해지기 때문이다.

그뿐만이 아니다. 인생의 긴 안목으로 본다면, 그 '문제'가 있었던 것이 결코 나쁘지 않았다는 생각까지 들게 될 것이다. 그것이 없었다면 자신을 좋아하는 방법도 배우지 못했을 것이며, 부산물마냥 인생에 반드시 따르게 마련인 괴로운 감정이나 슬픔을 건전한 방법으로 처리하는 법도 배우지 못했을 테니 말이다.

걱정하지 말고, 믿어라. 당신은 반드시 해낼 수 있으며 또한 충실한 인생을 보낼 수 있다는 것을……

'문제'는 당신의 적이 아니라, 당신을 위해 비밀리에 어떤 역할을 수행하고 있었던 것이다.

그러므로 '문제'라고 여겼던 것을 긍정적으로 바라보기 바란다. 왜냐하면 그것은 당신이 지난 시간을 보내는 데 힘이 되어 준 당신의 '친구'였기 때문이다. 그리고 이제부터는 '새로운 친구'를 만들어 가야 하는 것이다.

'문제'는 어떻게 도움이 되고 있었나?

여기에서의 포인트는 마음의 고통에서 벗어나기 위해 당신이 '문제'를 이용하고 있었다는 것을 깨닫게 하려는 것이다.

마음에 짚이는 것들을 가능한 한 많이 기록해 보기 바란다. 나중에 또 새롭게 떠오르는 것이 있다면, 언제든지 첨가하도록 한다.

1. '문제'는 그 동안 어떤 점에서 당신에게 도움이 되고 있었다고 여겨지는가?

_____

_____

_____

_____

_____

_____

_____

2. 당신이 괴로운 기분이나 부정적인 생각에 사로잡혔을 때, 실제로 어떻게 행동해 왔다고 생각하는가?

(말하자면 여러 가지 괴로운 감정에 대응하여 당신이 행했던 내용을 적는 것이다. 전형적인 예를 간단하게 들어본다면 '불안 → 기분 전환, 고립 → 즐거운 교제, 따분함 → 놀이, 두려움 → 용기 있는 행동'처럼, 가능한 한 많이 적어보기 바란다.)

'문제'를
극복하려면
용기를 가져라

'**다**시 일어난다는 것'은 지금의 자신을 바꾸는 일이다. 하지만 과연 그것이 가능할까 하고 당신은 또다시 불안에 휩싸이게 될지도 모른다. 아무래도 그것을 위해 시도해야 할 여러 가지 일들을 생각한다면 불안해지는 것이 당연할 것이다. 자신의 과거를 확실하게 주시하고 지금까지 다른 사람들로부터 어떤 대우를 받아 왔는지, 그리고 당신은 자신을 어떻게 대해 왔는지를 분명하게 확인해야만 하기 때문이다.

그러기 위해서 스스로도 인식하지 못했던 것까지 상기해 봐야 한다. 기억하기 싫은 사실까지 포함해서 말이다.

이와 같이 자신이 변화해 가는 시기에는 때로는 원인이 불분명한 신체의 통증을 느끼기도 하고, 밤잠을 이루지 못하는 등 괴롭고 힘든 나날이 계속되는 일도 있으리라 생각한다.

지금까지의 의존증이나 중독, 버릇, 나쁜 습관 등을 끊어 버린다 하더라도 정말 그것들이 완전히 사라져 버렸을 때의 생활은 어떤 모습으로 변화될 것인지, 내 자신의 심정은 어떻게 될지 하는 등의 불안이 당연히 따르게 마련이다.

게다가 혹시 실패라도 한다면? 아니, 만약 성공하게 된다면? 이러한 불안이 끊임없이 뒤따를 것이다.

지금까지의 의존증이나 중독, 나쁜 습관
등을 끊어 버린다 하더라도 정말 그것들이
완전히 사라져 버렸을 때의 생활은 어떤
모습으로 변화될지, 자신의 심정은 어떻게
될지 하는 등의 불안은 당연히 따라온다.

'용기 있다.'는 것이 반드시 두려워하지 않는다는 뜻은 아니다.

사실은 '다시 일어나려는 것'을 몹시 두렵게 여기지만 있는 그대로의 자신을 인정하고, 그 불안한 심정을 계속 갖고 있긴 하지만 그래도 반드시 시도해야 할 일을 실행하는 것, 그것이 바로 용기이다.

불안한 심정을 속이지 않고, 용기를 가지고 자신의 '문제'를 해결한 멋진 여성이 있다. 그 사람의 이름은 패트 스나이더이다.

그녀는 22년 동안이나 식사 장애로 고민해 왔는데, 크게 결심을 한 뒤 몇 년간 심리요법의 전문적인 카운슬링을 통해서 그 원인을 파헤치고 드디어 '문제'에서 벗어나 '다시 일어났다.'고 생각했다.

그녀는 6년 동안 진지하게 치료에 전념했다. 그 결과 차츰 회복되어 스스로 만족할 수 있는 상태가 되자, 심리요법 치료를 그만두었다.

그녀는 사회봉사도 하고, 아내로서나 어머니로서 행복하게 지내고 있으므로 거의 99%는 문제가 없다고 스스로 생각했다. 그녀는 식사 장애로 고민하는 사람들을 돕는 비영리단체를 만들어서 활동할 정도로 건강해졌기 때문이다.

그런데 실은 그때까지도 그녀는 자신의 겪고 있는 식사 장애의 근본 원인이 무엇인지 분명하게 인식하지 못하고 있었다. 다시 말해, 그녀는 아직 완전하게는 일어난 것이 아니라는 뜻이다.

그녀의 문제는 어린 시절 누군가에게 어떤 일을 당한 데서 비롯되었지만, 그녀는 그 사실을 깨닫지 못하고 지냈던 것이다.

그러다가 어느 날 그것을 알게 되었다. 그날 까닭 없이 불안감이 엄습하기 시작했는데, 그녀는 아무래도 그것이 자신의 성(性)과 관련된 것처럼 여겨졌다는 것이다.

당시에 그녀는 다시금 이유도 없이 이것저것 마구잡이로 먹고 있는 자신의 모습을 발견하고, 또다시 시작된 이상한 식습관과 불안한 심정에 당황하고 있었다고 했다.

그리하여 왜 이런 감정이 일어나는 것일까를 생각한 끝에 다시 한번 심리요법 상담을 받게 되었다.

그런데 대화 중에 분노의 감정과 함께 '거부'라는 단어가 몇 번이나 머릿속에 떠오르더라는 것이다. 그 말의 정확한 의미도, 마음이 동요하게 된 원인도 몰랐지만 그녀는 거기에 뭔가가 있다고 믿고 심리요법 치료를 계속해서 받았다.

그 후 얼마 안 되었을 때, 악몽을 꾸다가 어린 시절에 누군가가 자신을 범했다는 것을 느꼈다고 했다. 하지만 어디서, 언제, 누구에게 당했는지는 떠오르지 않았다.

심리요법 상담 중에 분노의 감정과 함께
'거부'라는 단어가 몇 번씩 머릿속에 떠올랐다.
그 말의 정확한 의미도, 마음에 동요가
일어난 원인도 몰랐지만, 그녀는 거기에
뭔가가 있다고 믿고 치료를 계속해서 받았다.

그 후에도 악몽은 계속되었고, 그것들은 모두 비슷하게 그 두려운 사실을 암시해 주고 있었다.

그녀는 혐오감에 시달리면서도 자신의 추리가 틀리지 않기를 바랐다. 왜냐하면 그것으로 인해 지금까지의 몸부림과 괴로움의 진짜 원인을 알 수 있다고 생각했기 때문이다.

그녀는 아무리 괴롭다 할지라도, 실제로 어떤 일이 발생했었는지를 알고 싶어 하는 이유에 대해 이렇게 설명하고 있다.

"내가 정말로 무엇을 경험했는지 아는 데 방해가 되는 일은 이후로 일체 용납하지 않겠다. 숨기거나 비밀스러운 것은 이젠 질색이다. 또한 숨기고 있던 것의 상처는 치유될 것이다."

패트는 용기를 내서 '일그러진 결손 가정에서 성장한 어른들을 위한 5일간의 치료 코스'에 들어갔다. 하지만 기억은 되돌아오지 않았다.

어린 시절의 성적 학대라는 희미한 추리는 그녀의 과대망상에 불과했던 것일까?

그리고 나서 1개월 후, 전신 마사지를 받고 있을 때 느닷없이 과거에 발생했던 사건의 기억이 되살아났다.

"오싹 소름이 끼쳤지만 한편으로는 안도의 숨을 쉬며, 혐의가 입증되었다고 생각했다. 나를 범했던 것은 할아버지였다. 내 어린 시절에 남성은 할아버지밖에 없었다. 할아버지를 몹시 좋아해서 완전히 신뢰하고 있었으며, 같이 지내는 것이 정말로 즐거웠다. 그러던 할아버지에게 당했을 때의 분노, 아픔, 배반당한 억울함 등의 심정은 곤혹과 무기력함이 뒤섞인 것이었다.

'나를 그토록 귀여워했으면서 어째서 이런 짓을 할 수 있었을까?'

아직도 더 기억해 내야 할 부분들이 있다고 느꼈다. 하지만 그렇게 하고 싶어 하는 반면에, 그런 것은 도무지 할 수 없다고 느껴져 화가 치밀어 올랐다."

패트는 결의를 새롭게 한 다음, 알면 알수록 소름끼치는 기억을 하나하나씩 기억해 냈다. 그것이 제아무리 괴로운 일일지라도 그녀는 있는 힘껏 대항해 갔다. 어린 시절에 받았던 부당한 처사는 두려워했던 이상으로 심한 것이었지만, 그녀는 더 이상 물러서지 않았다.

"진실을 알지 못하는 한, 참된 자유는 얻을 수 없다. 하지만 진실을 알아 버리면 처음 한동안은 상당히 비참한 기분을 맛볼 수밖에 없다. 그러나 마음속의 진실을 찾아서 지금까지의 인생 체험, 지금의 자신 그리고 지금부터의 자신을 소중히 여긴다면 틀림없이 마음의 자유를 얻을 수 있을 것이다."

패트는 자신이 '살아남은 인간'이라는 것을 깨달았다. 요컨대 그녀

재기를 위해서 노력하겠다고 결심하는
용감한 행위는 스스로도 인식하지 못했던
내면의 힘을 이끌어내므로, 두려움에 대해
용기를 가지고 맞서 대항한다면
마침내는 자신을 바꿀 수 있게 된다.

의 '문제'였던 식사 장애가 '살아남는 방법'으로서 중요한 역할을 담당
해 주고 있었던 것을 인식하게 된 것이다. 그것은 그녀의 비밀스런
고통을 처리하는, 나름대로 유익한 '살아남기 위한 수단'이었다는 것
을……

그러한 사실을 깨달은 그녀는 폭식이라는 나쁜 습관을 계속 유지해
오는 데 소비했던 에너지를 앞으로는 재기를 위해서 사용하겠다고
결심했다.

이러한 용감한 행위는 스스로도 인식하지 못했던 내면의 힘을 이끌
어내므로, 두려움에 대해 용기를 가지고 맞서 대항한다면 자신을 바꿀
수 있게 된다.

그러기 위해서 가장 우선적으로 할 일은 행동으로 옮기는 것이다.
당신이 생각하기에 아무리 사소한 행위라도 상관없다. 자신을 소중하
게 여기는 마음을 행동으로 드러내면 되는 것이다.

'병적으로 마음이 좋은 사람'들의 경우에는 '아니요.'라고 말하는 데
도 크나큰 용기를 필요로 한다.

예를 들자면 남편의 폭력에 참고만 있던 부인이 어느 날 느닷없이
보호를 요청하며 상담소로 달려가는 일은, 자신을 소중히 여기려고
하는 훌륭한 의지의 표시라고 할 수 있다.

오랜 시간 동안 식사 장애로 고민하는 사람이 자신의 이상한 식욕과 체중의 원인이 되고 있는 '숨겨져 있는 감정'을 찾아내려고 하는 것 또한 용감한 행위가 아닐 수 없다.

'내가 체험했던 것과 나의 감정은 진실로 나의 것이며, 나에게는 가치 있는 것이다. 또한 나는 거기에 합당한 대우를 받을 수 있는 인간이다.'라는 생각을 행동으로 나타내는 것은, 지금까지 이런 것을 생각지도 못했던 사람에게는 상당한 용기가 필요할 테니 말이다.

불안이나 두려움은 우리가 이 세상에 태어날 때부터 가지고 있던 것이 아니다. 그것은 성장해 나가는 과정에서 몸에 익히게 된 것들이므로, 기분이나 마음먹기에 따라 사라져 버릴 수도 있는 것이다.

하지만 당장은 그것이 무엇인지 확실하게 분별되지 않을 수도 있다. 그러나 상관없다. 사람들은 누구나 두려움을 갖고 있지만, 용기를 갖는다는 것이 얼마나 멋진 일인가를 스스로의 힘으로 일어난 사람들이 증명해 보이고 있으니까 말이다.

용기를 내겠다고 결심했을 때, 당신은 이미 자신을 소중히 여기겠다는 방향으로 한 걸음을 내민 셈이다. 아울러 바로 지금이야말로 당신 마음속에 있는 용기와 힘을 스스로 깨달아 '본래의 자신'을 찾을 때인 것이다.

자기 점검

힘들지만 용기를 내야 한다

여기에서의 자기 점검은 '다시 일어날' 결심을 했을 때 당신이 느끼는 불안의 정체가 무엇인지를 알아내고, 동시에 어떻게 하면 용기를 가질 수 있는지, 어떻게 목표를 설정해야 좋은지 등을 이해하기 위함이다.

이 책의 자기 점검을 완전하게 활용하기 위해서는 머릿속으로 생각만 하지 말고, 꼭 적어보기를 권한다. 그리고 읽는 것에 그치지 말고, 각자 실행해 보기 바란다.

1. 지금까지의 인생에서 자신이 용감하게 행동했다고 생각되는 것, 세 가지를 적어보라.

① 무엇을 했는가?

② 그때 어떤 심정이었는가?

2. '다시 일어나려고' 하는 데 있어, 두렵게 여겨지는 사항들을 순서대
   로 적어보라.

   _____

   _____

   _____

   _____

3. 다른 사람의 눈을 똑바로 들여다보라. 낯선 사람에게도 말을 건네
   보라. 다른 사람들이 이상하게 여기지는 않을까, 꺼림칙하게 여기
   지는 않을까 하는 생각이 들면서 불안해질지도 모른다. 하지만 용
   기를 내어 상대의 눈을 보고, 말을 건네어보라.

4. 자신의 생각을 큰 소리로 말해 보라. 산꼭대기나 해변, 숲, 지붕
   위 등 인적이 없는 곳으로 가서 두 손을 꽉 움켜쥐고 '나는 소중한
   인간이다. 가치 있는 인간이다. 따라서 행복하게 될 것이다. ……
   하면 된다(점선 부분에는 당신이 하고 싶은 말을 넣는다), …… 하고
   말 테다'라고 외쳐보라.

숨기면 숨길수록
'문제'는
더 커진다

일 단 '문제'를 걸머지게 되면 거기에 차츰 얽매이게 된다. 시 종 그 '문제'에 끌려 다니게 되며 더더욱 끊을 수 없는 상태 가 되고 만다. 그렇게 되면 그동안 관계를 맺어왔던 주변 사람들과의 연관성뿐만 아니라 자신과의 연관성마저 단절되어 버리게 된다. 때문 에 다시 한 번 그 연관성을 되찾기 위해서는 자신을 있는 그대로 정직 하게 드러내는 수밖에 다른 방법이 없다.

정직해진다는 것은 자신을 소중히 여기면서 다른 사람들과의 관계 도 소중히 하겠다는 의사 표현이라 할 수 있다.

강한 열등감, 알코올이나 마약에 대한 의존, 중독, 폭식, 거식, 무엇 인가를 하지 않으면 불안해하는 강박관념, 인간이나 사회에 대한 망상 등에 의해 사고방식이 편협해지고, 그것이 상습적으로 되어 버리게 되면 매사를 일그러지고 잘못된 시각으로 바라보게 된다.

자신을 가치 없이 비판하면서, 스스로를 필요 없는 인간이며 겁쟁이 이고, 비열하고, 자기중심적이며 가증스럽다는 식으로 결정짓다보면, 그러는 사이에 점차 자신이 그러한 인간으로 보이게 되는 것이다.

심지어는 이런 '문제'를 안고 있다는 것 자체가 자신이 최하의 인간 이라는 증거가 아닐까 하는 생각을 하면서, 그러한 것을 부정할 만한 정보를 얻게 되어도 한쪽 귀로 듣고 한쪽 귀로 흘려보내고 만다.

스스로가 자신의 일을 부끄럽게 생각하고
있으니 다른 사람들이 그러는 것도
당연할 것이라고 여기기 때문에,
'문제'를 안고 있다는 사실을 숨기고
거짓된 말과 행동을 하는 것이다.

또한 매사를 극단적으로 생각하면서, 나쁜 쪽에만 초점을 맞추는
일이 많고, 별 대수롭지 않은 실수를 거대한 굴욕거리로 만들어 버리
기도 한다. 그리고 '문제'와 자신을 일치시킴으로써, 한없는 가능성을
가지고 있는 자신의 본래 모습에서 자신을 완전히 분리시켜 버리기까
지 하는 것이다.

만약 비밀의 '문제'가 알려지게 되면, 자신이 스스로를 최하의 인간
이라고 생각하고 있듯이 다른 사람들도 자신을 형편없는 인간이라고
생각할 거라고 지레짐작한다. 스스로가 자신의 일을 부끄럽게 생각하
고 있으니 다른 사람들이 그러는 것도 당연할 것이라고 여기기 때문
에, '문제'를 안고 있다는 사실을 숨기고 거짓된 말과 행동을 하는
것이다.

타인들과 잘 융합해 나가기 위해 조작해 낸 표면상의 '거짓된 자신'
만을 보임으로써, 그 누구도 자신의 그 '문제'에 대해 모를 거라고
생각한다. 하지만 그런 식으로 거짓된 행동을 하는 자신이 스스로도
가증스럽게 여겨져 점점 더 싫어지게 되는 것이다.

당신이 생각하기에 훨씬 완벽해 보이는 다른 사람들도 어쩌면 당신
과 비슷한 '문제'를 안고서 혼자 괴로워하고 있을지도 모른다. 하지만
당신은 그런 것에 대해서는 관심조차 없고, 숨기는 것이 있기 때문에

다른 사람들이 가까이 접근해 오지 않는다는 것도 생각하지 못한다.

하지만 자기 자신뿐만 아니라 주변 사람들과 서로 마음을 트고 지내기 위해서는 진실을 이야기해야 한다. 요컨대 정직해져야 한다는 것을 인식해야 하는 것이다.

바로 내가 그랬었다. 거식증에 걸렸던 9년 동안 나는 가족들과 거리를 두고 지냈으며, 친구들과도 속을 터놓고 이야기할 수 없었다. 더구나 첫 번째 결혼이 부부로서의 애정이 없는 결혼이었으므로 남편에게도 진정한 내 모습을 보일 수 없었다.

다른 사람들의 눈을 피해 폭식을 하고는 토해 내는 것을 반복했고, 생각하는 것이라고는 오로지 그것뿐이었다. 그리고 그것이 계속됨에 따라서 비밀이 늘어났으며, 나만이 알고 있는 '의식'에 몰두하고 있었던 것이다. 타인에게는 자연스레 보이도록 머리를 써서 그럴듯한 행동을 고안해 냄으로써, 그 누구도 눈치를 채지 못하게 숨기고 있었다.

공교롭게도 그 당시에는 거식증이라는 식사 장애의 문제에 대해 알려진 것이 거의 없었다. 실제로 '거식증'이라는 병명조차 없었던 것이다. 이런 기묘하고도 비참한 습관을 갖고 있는 것은 온 세상에서

자기 자신뿐만 아니라 주변 사람들과
서로 마음을 트고 지내기 위해서는
진실을 이야기해야 한다.
요컨대 정직해져야 한다는 것을
스스로 인식해야 하는 것이다.

나 혼자뿐이라고 믿고 있었기에, 더더욱 누구에게도 말할 수가 없었다. 그러다보니 부모도, 남편도, 룸메이트였던 친구조차도 알지 못했었다.

그런데 어느 날 기적이라고밖에 생각할 수 없는 일이 일어났다. 우연히 이 병에 관한 기사가 실려 있는 한 잡지를 읽게 된 것이다. 그런데 더욱 놀라운 사실은, 그 기사를 쓴 테라피스트(therapist, 전문적인 카운슬링을 하는 치료사)가 바로 우리 집 근처에 살고 있다는 것이 아닌가. 나는 지푸라기라도 잡는 심정으로 연락을 취했고, 그럼으로써 재기를 위한 길이 열리게 되었다.

그 테라피스트는 여성을 위한 서포터 그룹(동일한 고민을 가진 사람들의 모임)을 지도하고 있었으므로, 나도 거기에 참석했다. 처음에는 다른 사람들이 하는 말을 잠자코 듣기만 했다. 전혀 안면이 없는 사람들에게 자신의 비밀을 털어놓는다는 것은 생각만 해도 소름이 끼치는 일이었기 때문이다.

나는 그때까지 테라피(전문적인 카운슬링)를 받은 적이 없었으므로 무엇이 어떻게 되는 것인지 감조차 잡지 못한 상태였다. 그러나 시간이 흐르는 동안 감탄하게 된 것은 멤버들이 서로를 신뢰하고 있는 모습이었다.

나는 그때까지 계속하여 타인, 그중에서도 특히 여성과 가까이 지내려 들지 않았기 때문에 그 모임에서 어떻게 행동하고 무슨 이야기를 해야 할지 정말 몰랐다. 그렇지만 이것이 새로운 인생을 내딛는 새로운 기회라고 스스로를 타일렀다. 그리고는 폭식을 하는 것이나 토하는 것 ― 조절 능력을 상실하여 어쩔 수 없는 상태에 빠져 있음 ― 을 고백하고는, 이런 내 자신이 너무나도 한심스럽게 느껴진다고 솔직하게 이야기했다.

그러고 나자 낯선 사람들 속에 있는데도 이상하게 고독감이 차츰 사라지는 것이 느껴졌고, 그때 비로소 서포터 그룹의 중요성과 솔직해지는 것의 중요성을 절실하게 깨닫게 되었다.

또한 다른 사람들이 그들의 고충을 털어놓으면 진심으로 위로하고, 힘이 되어주고 싶은 생각이 들었다. 그러면서 내가 과감히 마음을 열고 솔직하게 이야기했을 때, 그곳에 있는 사람들의 따뜻한 마음이 내게 전해져 왔다. 내게서 상대편에게로, 상대편에서 이쪽으로 마음이 서로 통하게 되는 것을 실감하게 된 것이다. 아울러 서로 간에 흡사한 마음의 '문제'를 안고 있기 때문에 끈끈하고 강한 연줄이 생겼다는 느낌이 들었고, 서로를 대등하게 대함으로써 지금까지 갖지 못했던 존경의 마음을 상대에게 갖게 되었다.

> 어떤 고백을 들어도 비판적이 되지 않고,
> 사람을 있는 그대로 받아들이는 연습을 했다.
> 이를 통해 나 스스로를 있는 모습 그대로
> 받아들일 수 있게 되었고, 자신을 좋아하게 되는
> 최종 목표를 향한 첫발을 내딛을 수 있었다.

그 후 나는 어떤 고백을 들어도 비판적이 되지 않고, 사람을 있는 그대로 받아들이는 연습을 했다. 이를 통해서 나 스스로를 있는 모습 그대로 받아들일 수 있게 되었으며, 자신을 좋아하게 된다고 하는 최종 목표를 향한 첫발을 내디딜 수 있게 된 것이다.

그러기 위해서 가장 먼저 할 일은 타인에게 호의를 갖는 것이었으며, 그다음으로 해야 할 일은 진실을 말하는 것이다.

그러고 나서 얼마 후에 나는 첫 번째 남편과 헤어졌다. 그 뒤에 바로 지금의 남편이며 이 책을 집필하는 데 많은 도움을 준 리 콘과 만나 사랑에 빠지게 되었다. 나는 리 콘을 믿는 마음으로 '솔직해져라.'는 실천 사항을 실행했으며, 거식증에서 탈피하여 '다시 일어나고 싶다.'는 내 심정을 그에게 털어놓았다.

그러자 리 콘은 나 자신을 좋아하려고 노력하는 나를 힘껏 응원해 주었다. 무엇보다도 그가 나를 서포터 그룹의 사람들처럼 가치 있고 아름다우며 사랑스런 인간으로 보아주었으므로, 점차 나도 나 자신을 그런 식으로 볼 수 있게 되었다. 내 자신이 좋아지게 되자 거식증에서 탈피하여 재기하는 속도도 훨씬 빨라졌을 뿐 아니라, 인간관계도 차츰 개선되어 갔다.

인간은 솔직함과 애정과 배려 등을 의식하며 살아가는 쪽이 강박감이나 비참한 기분에 사로잡혀 살아가는 것보다 몇 배나 가치 있고 기분 좋은 일이라는 것을 체험을 통해 깨닫게 된 것이다.

다음 통계를 보면, 당신만이 '문제'를 안고 있는 것이 아니라는 것을 알게 될 것이다.

미국인의 10%는 알코올 의존증에 걸려 있고, 여성의 3분의 1은 폭행당한 경험이 있으며, 96%의 사람들은 어떤 형태로든 '문제'를 가지고 살아가고 있다. 실로 많은 숫자의 사람들이 알코올 중독증의 부모와 함께 살고 있으며, 대부분의 사람들이 체중에 스트레스를 받으며 지내고 있다. 뿐만 아니라, 마음의 공허함에 시달리고 있는 많은 사람들이 기분 전환을 하기 위해 자기들 나름대로의 다양한 방법을 찾고 있다고 한다.

그렇다면 한국이나 일본에 사는 사람들은 어떠할까? '문제'의 종류는 다소 다를지 모르지만 도시화, 문명화가 사람들의 심리에 끼치는 영향은 미국과 크게 다르지 않을 것이다. 적어도 마음의 병으로 인한 괴로움이나 비참함은 어느 곳이나 같을 테니 말이다.

이들 '문제'를 안고 있는 사람들에게서 찾아볼 수 있는 공통점은 자신을 사랑하는 마음이 없다는 것, 요컨대 자신의 좋은 점을 인식하고 있지 않다는 것이다.

자신을 사랑하는 마음을 지니게 되려면
솔직하게 모든 것을 받아들이면서
무조건적인 애정을 품고 자신의 마음을
대해야 한다. 또한 타인과도 그러한 마음으로
교제해야만 자신의 장점을 발견하게 된다.

　자신을 사랑하는 마음을 지니게 되려면 솔직하게 모든 것을 받아들이면서 무조건적인 애정을 품고 자신의 마음을 대해야 한다. 마찬가지로 타인과도 그러한 마음으로 교제해야만 자신의 장점을 발견할 수 있게 되는 것이다.

　혹시, 서포터 그룹 모임에 나가본 적이 있는가? 그곳에 나오는 사람들은 '맞아. 그는 술버릇이 몹시 고약한 사람이었어. 하지만 그 여자는 더 지독했다구.'라는 식으로 남을 비판하러 오는 것이 아니다. 모두가 자신과 비슷한 '문제'를 안고 있다는 것을 알고 있기 때문에 서로를 북돋워주려고 한다.

　서포터 그룹이 당신 가까이에 없다면 전문 카운슬러나 친구, 가족, 그 밖에 누군가 도움이 되어줄 만한 사람에게 당신의 '문제'를 과감하게 털어놓도록 하라. 그리고 당신 주변의 사람들과 진실하게 교제하며, 당신의 모든 것을 알려보라. 그런 다음 괴로운 상황에서 탈피하여 '다시 일어나고' 싶어 하는 마음을 이야기하고, 사람들과 관계 맺는 방식을 바꿔보면 어떨까.

　실제로 대부분의 사람들이 '문제'까지는 되지 않았다 하더라도 비슷한 불행을 경험하고 있으므로 어떤 일치감을 느낄 수 있을 것이다.

　또한 상대를 있는 그대로 받아들이고, 배울 만한 점을 찾도록 하라.

그러다보면 '문제'와의 관계를 차근차근 정리할 수 있을 테니 말이다.

그리고 지금까지 숨겨져 있던 자신의 좋은 점을 찾아내어, 그것을 남들에게도 보이도록 해보라는 것이다.

당신만 '문제'가 있는 것이 아니다

사람은 누구든지 각자 크든 작든 '문제'를 안고 살아가기 마련이다. 이것을 충분히 인식한 후에 당신이 솔직해지도록 도와주는 것이 바로 자기 점검이다. 남들이 어떻게 생각할까 걱정하여 '문제'를 숨기면 도리어 '문제'를 크게 만들 뿐이다.

당신 '문제'의 본질을 알고, 다른 사람의 '문제'를 알아야만 상호간의 이해를 돈독하게 할 수 있는 것이다.

1. 자신을 포함하여, 자신이 알고 있는 사람들의 이름을 10명 정도만 들어보라.

2. 이름 옆에 그 사람에 대해 알고 있는 것, 또는 그 사람이 안고 있을지도 모를 '문제'를 적어보라.

3. 그 사람들의 '문제'를 추리하여 '심각하다.', '별로 심각하지 않다.', '전혀 심각하지 않다.'라는 식으로 분류해 보라.

4. 그들은 각자의 '문제'를 어떻게 다루고 있다고 생각하는지, 당신의
   생각을 적어보라.

5. 당신 '문제'의 근본적인 원인이라 여겨지는 것을 생각나는 대로
   자세히 적어보라.

6. 안고 있다고 생각되는 '문제'에 대한 해결책이 무엇인지, 당신 생각
   을 적어보라.

다시
일어나는 것은
바로 당신
자신이다

우리는 인생을 살아오면서 다양한 사고방식이나 신념, 가치관, 일의 처리 방법 등을 외부로부터 받아들여 몸에 익혀왔다. 그러나 때로는 그것들이 여러 가지 트러블을 일으키기도 한다. 왜냐하면 어떤 사고방식이나 신념은 그 누군가에게는 유익하게 작용할지 몰라도 또 다른 누군가에게는 손해가 될 수도 있기 때문이다.

'문제'에서 탈피하여 '다시 일어나는 방식'에 대해서도 마찬가지이다. 다른 사람이 성공한 예를 참고로 삼는 것은 바람직한 일이다. 하지만 그 방법이 자신에게 적합한지, 적합하지 않은지를 결정하는 것은 최종적으로 당신 자신이란 사실을 명심해야 한다.

자신에게 가장 알맞은 방법을 알기 위해서는 자신의 '사고 체계'를 검토해 보는 것이 필요하다.

우리는 어릴 때부터 정보를 모으고 거기서 결론을 이끌어내어, 가족이나 자신의 세계를 이해하려고 노력해 왔다. 그리하여 구축된 사고 체계에 의해 우리는 안심하고 일상생활을 하고, 앞으로의 계획을 세우면서 자기 자신의 존재를 확인해 나가기 때문이다.

우리는 다른 사람에게 인정받고, 사랑을 받으며 이해를 얻기 위해 끊임없이 노력한다. 그래서 그들이 믿는 것을 믿으며, 그들이 가치를 두고 있는 것의 가치를 인정한다.

우리는 일상생활 속에서 자신의 사고 체계가
어떻게 형성되고 있는지에 대해서는
별 관심이 없다. 왜냐하면 일반적으로
그것은 아주 오래전부터 의식의 밑바닥에
너무나 깊게 뿌리를 내리고 있기 때문이다.

우리가 살면서 가장 크게 영향을 받는 것은 아마도 가족이 아닐까
싶다. 이와 더불어서 학교나 직장에서의 인간관계, 종교·매스컴·취
미 등 그룹 속의 동료, 또는 친구 등으로부터도 사회적·문화적으로
영향을 받는다. 그런가 하면 사람들은 저마다 어떻게 살아가야 하는가
에 대해 의견을 가지고 있다.

따라서 갖가지 다양한 현실에 직면할 때마다 그 사고 체계를 수정해
나가는 것이 자연스런 일이 아닐까 한다.

하지만 우리는 일상생활 속에서 자신의 사고 체계가 어떻게 형성되
고 있는지에 대해서는 별 관심이 없다. 왜냐하면 일반적으로 그것은
의식 밑바닥에서 작용하고 있기 때문이다. 아주 오래전부터 너무나
깊게 뿌리를 내리고 있으므로, 나는 어째서 이런 식으로 생각하는
것일까 하는 생각이 들어도 더 이상 알아보려고 하지 않는 경우가
대부분이다.

그러나 '이럴 때는 이렇게 해야만 한다.'는 강한 신념을 몸에 익히는
것은 의외로 간단하다. 어른이든 아이든 어떤 방법으로 일이 잘 풀려
나가게 되면 그 방법을 몇 번이고 사용하는 것처럼, '문제'를 해결하기
위한 최초의 경험이 중요하다.

예를 들어보자. 자신의 진짜 심정을 겉으로 표출하지 않는 것이

가족들 사이에 풍파가 일어나지 않고 일이 해결된다고 생각하면, 점차 가족들 이외의 인간관계에 있어서도 감정을 억누르는 것이 최선의 방법이라고 생각하게 된다. 그리고 그것이 반복됨에 따라 태도는 점점 굳어져 간다.

자신은 별로 쓸모없는 사람이라고 믿게 된 것도 가족이나 타인들로부터 그렇게 취급받아 온 결과로서, 부득이하게 자신도 그렇게 받아들이고 납득하게 되는 것인지도 모른다.

의식 밑바닥에 깊숙이 뿌리 내리고 있는 그 사람 나름의 독자적인 신념이나 방법, 가치관 같은 것은 반드시 어딘가에서 그 사람을 얽매고 있다. 그것은 현재의 상황에는 직접적으로 관계하지 않을지도 모르지만, 간접적으로는 영향을 끼치는 것이 분명하다. 아주 옛날에 배운 것은 좋든 싫든 간에 이렇게 해야 할 것, 반드시 해야 할 것 등으로 관념화되어, 현재 우리가 갖고 있는 사고방식이나 행동을 좌우하는 일종의 '틀'을 만들고 있기 때문이다.

옛날에 배운 방법은 그 당시에는 감정적으로나 육체적으로나 살아가는 데 도움이 되었으므로, 이제 와서 새삼스레 그것이 '옳다, 그르다.'를 따지고 들 필요가 없을 것이다. 하지만 감정을 억눌러 버리는 것이나, 자신을 아주 쓸모없는 인간으로 규정지어 버리는 것 역시도

아주 옛날에 배운 것은 좋든 싫든 간에
이렇게 해야 할 것, 반드시 해야 할 것
등으로 관념화되어, 현재 우리가 갖고 있는
사고방식이나 행동 같은 것을 좌우하는
일종의 '틀'을 만들게 된다.

결코 현재의 생활을 즐겁게 만들어주지는 못한다는 사실을 명심해야
한다.

사고 체계의 또 하나의 문제점은 그것이 형성되는 과정, 그 자체에
숨어 있다. 어떤 상황에서 무엇이 올바른 행동인지, 어느 것이 옳은
선택인지 잘 몰라 불안해질 때, 스스로 결정하려 하기보다는 외부로부
터 도움을 얻으려 하는 경향을 보인다는 것이다.

레스토랑에서 무엇인가를 먹어야 할 때 상대와 똑같은 것을 주문하
는 등, 매우 사소한 일이라도 상대방에 의존하는 경우가 비일비재하
다. 마찬가지로 매우 중요하고 커다란 일에서도 주변 사람들이 인정해
주는 방향으로 결정하거나 선택한다는 점에서는 다를 것이 없다.

이처럼 원래 자신이 내려야 할 결단을 타인에게 맡기는 경향은 어
떤 잘못을 저질렀을 때 반드시 거기에 합당한 벌을 받아 온 사람들에
게서 특히 많이 볼 수 있다. 자발적이며 창조적인 자아를 계속 억눌림
당해 왔기 때문이다. 그것이야말로 '의존증'이라 할 수 있으며, 스스
로가 아닌 타인에 의해 반응하며 살아가고 있는 전형적인 유형이라
할 수 있다.

남들이 결정한 기준에 맞추어 살아가다보면, 유감스럽게도 진정한
자신에게서 분리되어 꼭두각시가 되어 버린 것 같은 심정이 되기 십상

이다. 그리고 만약 그 '결정'이 정도에서 어긋나게 되기라도 한다면, 인생의 패배자가 된 것 같은 기분에서 벗어나기 힘들 것이다.

그러나 그 결정에 따른 것이 옳았다 하더라도, 그것은 타인의 형편이나 경험에서 나온 것이지 자신이 만든 것이 아니므로 불만족스런 기분이 떨쳐지지 않을 것이다. 그리고 무엇보다도 바람직스럽지 못한 것은, 타인에 의존하여 내린 결정에 의해 인생을 살면서도 모든 것이 뜻대로 되지 않게 되면, 자신을 스스로 잘못된 인간이라고 생각한다는 점이다.

실제로 우리는 각자 다른 경험을 지니고 살아왔으며, 그 경험을 통해서 몸에 익혀온 지식이나 사고방식까지도 한 사람 한 사람이 다른 법이다.

어떤 상황에 처했을 때 내 자신의 안전을 위해서 이것이 가장 좋은 방법이라고 생각할지라도, 다른 사람은 그렇지 않을지도 모른다. 스스로가 자기 자신의 '문제'를 인식하는 것, 다시 말해 자각하는 것은 오직 자신만이 할 수 있는 일이다. 그러므로 자신에게 있어서 무엇이 가장 좋은가를 진정으로 알 수 있는 것은 오직 자신뿐인 것이다.

인생을 자신이 의도하는 대로 살아간다는 것은 생각보다 훨씬 불안

스스로가 자기 자신의 '문제'를 인식하는 것,
다시 말해 자각하는 것은 오직 자신만이
할 수 있는 일이다. 그러므로 자신에게
있어서 무엇이 가장 좋은가를 진정으로
알 수 있는 것은 오직 자신뿐인 것이다.

한 일이다. 그것은 어른이 되는 일이기도 하며, 자기 스스로가 여러 가지 상황에 대처하여 결단을 내리는 일이기 때문이다.

만약 당신이 지금까지 살아온 방식과 다른 사람이 된다면 기뻐하지 않을 사람도 있을 것이다. 그 사람들은 지금까지의 당신에게 길들여져 왔으므로 그들에게 불안을 주는 일이 될 수도 있기 때문이다. 하지만 당신의 머리와 마음을 움직이는 것은, 그 사람들이 아니라 바로 자신임을 염두에 두길 바란다.

그들의 인생 경험은 그 사람들 각자의 과거와 그때까지 몸에 익혀온 관념이 토대가 되고 있다. 그것들은 당신의 인생 경험이나 당신을 둘러싼 현실과는 전혀 다른 것이다. 지금까지 해온 방식대로 남이 하는 것을 보고, 듣고서 그것을 계속 흉내 낸다면 결국 당신은 지금의 모습에서 성장하지 못한 채 뒤처지게 될 것이 분명하다.

당신이 만약 누군가가 굳게 믿고 있는 것에 대해서 '그것은 틀렸다고 생각합니다.'라고 말한다거나, 누군가의 부탁을 받았을 때 '미안하지만 못 하겠는데요.'라고 거절했다고 하자. 하지만 그것은 결코 상대를 무시한 행동이 아니며, 상대의 기분을 중요시 여기지 않은 것도 아니다. 그것은 단순히 당신이 자신을 소중히 여기고, 자신의 기분을 소중히 여기겠다는 표현에 불과할 뿐이다.

당신이 '아니요.'라고 말할 때, 당신은 마음속으로 이렇게 주장하고 있는 것이다.

'나는 내 자신의 생각이나 의견을 소중히 여긴다. 예스인지 노인지를 결정하는 것은 나 자신이다. 그것은 나 자신의 문제이기 때문이다. 그러므로 내 의견을 소중히 여길 수밖에 없다. 난 무슨 일이든 내 스스로 결단할 수 있다. 지금까지의 내 신념이나 행동, 나의 이미지조차도 자유롭게 바꿀 수 있다. 도망치거나 과장하지 않고, 내가 하고 싶은 일을 할 수 있다. 나는 내 자신에게 있어서 무엇이 가장 좋은 일인지를 스스로 결정할 수 있으며, 그런 능력도 지니고 있다.'

스스로 자신의 행동을 결정할 수 있게 된다면 그때까지 끊어져 있던 당신 마음속 내면과의 커뮤니케이션을 다시 시작할 수 있는 준비가 된 셈이라고 볼 수 있다. 본래의 자신으로 돌아가는 것, 그것이야말로 자신을 좋아하게 되는 지름길이라는 것을 상기해 주기 바란다. 자신을 진정으로 좋아해야만, 비로소 본래 자기 자신의 좋은 점과 능력을 발휘할 수 있기 때문이다.

당신은 지금 우선 그 첫 발자국을 내딛었다. 스스로를 칭찬해 주길 바란다. 자신의 방식에 따라 행동하고 나면, 스스로도 잘했다고 하는 만족감을 얻을 수 있을 것이다.

본래의 자신으로 돌아가는 것, 그것이야말로
자신을 좋아하게 되는 지름길이라는 것을
상기하라. 자신을 진정으로 좋아해야만,
비로소 본래 자기 자신의 좋은 점과 능력을
발휘할 수 있기 때문이다.

지금까지의 '결정'을 파괴했다고 해서 신경 쓸 필요는 없다. 재인식
해 볼 필요가 있었던 것은 당신 자신이 아닌, 지금까지의 방식이었다
고 생각하면 된다. 중요한 것은, 자신의 내면에 충실하게 행동하느냐
아니냐 하는 것이다.

'다시 일어난다는 것'은 단순히 '문제'에서 탈피하는 것만이 아니라
그때까지의 신념이나 가치관을 다시 검토하여 새로운 인생관을 갖게
되는 찬스이기도 하다. 지금까지 당신은 여러 사람의 의견을 따르거나
의존해 왔는지 모르지만, '다시 일어나는 것'은 당신 자신의 문제이다.
따라서 다른 사람으로부터 무엇인가를 배울지라도 '다시 일어나는 것'
의 주도권은 당신 자신이 쥐어야 한다.

지금까지의 사고 체계에 대한 생각을 수정하여, 현재의 당신에게
플러스가 될 만한 것이라면 새로운 가치관이나 방식을 받아들여보도
록 한다. 여러 가지 방법을 시도하여 '다시 일어나는 데' 효과가 있는지
의 여부를 알아보고, 자신에게 도움이 된다고 여겨지면 그것을 계속
진행해 보길 바란다.

지금 당신을 위해 '제야의 종'이 울리고 있다고 생각하라. 지금까지
도움이 되지 못했던 낡고 진부한 모든 것들은 오늘 밤을 계기로 전부
털어 버리고, 도움이 되는 것들만 소중히 여기도록 결심하는 것이다.

새해의 새로운 시작을 기쁨과 기대를 가지고 맞이하라. 자신의 사고 체계를 아는 것은 곧 '내적인 자신'을 아는 것이다. 당신의 건강과 행복에 플러스가 되지 않는 사고방식을 버리겠다고 결심하는 것, 그것이 바로 자신을 좋아하기 위한 '실천'의 첫걸음인 것이다.

자기 점검

그것은 정말로 '해서는 안 되는 일'일까?

여기에서는 짧은 문장으로 답을 제시해 놓았으나, 당신은 좀 더 상세하고 구체적으로 답을 써주길 바란다. 가능한 한 많은 예를 들어 자세히 설명해 본다. 또한 진지한 마음으로 임해 주기를 바란다.

1. 이제 자신에게는 필요 없게 되었다고 생각하는 '마음의 규칙'과 '해야 할 일'을 조목조목 들어보라. (예 : 분노의 감정을 겉으로 표출해서는 안 된다.)

_____

_____

_____

_____

2. 그러한 자신을 얽매는 '규칙'은 어디서 나왔다고 생각하는가? (예 : 가족의 가치관, 부끄러움을 잘 타는 성격, 초등학교 4학년 때 선생님에게서 꾸중 들은 생각하기 싫은 경험, 기타.)

_____

_____

_____

_____

3. 그러한 사고방식은 지금까지 당신에게 있어서 어떤 식으로 도움이
   되고 있었다고 생각하는가? (예 : 다른 사람과 언쟁한다고 하는 두려
   움에서 자신을 지켜주었다.)

4. 왜 이제는 필요 없게 되었는가? (예 : 상황에 따라서는 화를 내는
   것도 자연스러운 일이라고 생각한다. 현실에서 나는 화를 낼 수 있다.)

5. 그런 자신을 얽어매는 식의 사고방식 대신에 지금은 어떤 사고방식
   을 지니고 있는가? (예 : 분노를 겉으로 표출해도 괜찮다.)

나쁜 습관을 버릴
마음의
준비를 하라

당신은 지금까지 가지고 있던 나쁜 습관을 버리기 위해 새롭게 결심한 다음 시도해 본 경험이 있는가? 처음에는 우선 결심했다는 그 자체만으로도 기분이 좋아지고, 하루나 이틀 동안 최선을 다해 자신을 억누르게 되면 더더욱 마음이 뿌듯해지기 마련이다.

그런데 그 뒤로 계속 자신의 결심을 실천하여 좋은 기분이 지속되었는가? 단언컨대, 얼마 지나지 않아 '다시 일어난다는 것'이 생각처럼 쉽지 않음을 깨달았을 것이다.

처음에는 '넌 정말로 열심히 노력하고 있어. 그러나 조금만 더 참으면 문제없다구.' 하는 마음속 목소리에 귀를 기울이지만, 한번 그것에 지게 되면 수치스러움이 뒤섞인 복잡한 감정과 함께 이상한 안도감을 느낄지도 모른다. 머리로는 대수로운 일이 아니라고 치부해 버려도 마음만은 이미 진실을 간파하고 있기 때문이다.

이전에도 몇 번이나 결심했는데, 이번에 또다시 지속하지 못하고 중도에 그만두었으니 자기 자신에게 실망하는 것은 당연한 일일지도 모른다. 하지만 그토록 굳게 결심했는데 또다시 실패했다고 자신을 책망하기보다는, '아직 재기할 준비가 되어 있지 않았어.'라고 생각해 보면 어떨까 싶다. 어쩌면 '내일은 정말로 끊어 버릴 거야.' 하고 수도 없이 결심하는 그 자체가 이미 당신의 '문제'의 일부가 되어 있는지도

'문제'를 안고 있는 괴로운 현실과,
거기서 다시 일어날 수 있을지 없을지도
모르는 불안함에 맞서 대항할 때
가장 먼저 나오는 변명의 말은
'나에게는 '문제' 같은 것은 없다'는 것이다.

모를 일이니까······.

솔직히 말하자면, 나 역시도 '이번에야말로' 마지막 폭식을 하는 것이라고 스스로에게 타이르면서 장장 9년 동안을 폭식증에 시달려 지내왔다. '오늘은 정말 끊어야지.'라는 결심을 적어놓은 종이를 찢어버리고 새롭게 다시 쓴 적이 수도 없이 많았다.

하지만 그토록 다짐했던 내일에 대한 희망도, 보다 나은 생활에 대한 기대도, 새로운 출발을 향한 맹세도 폭식을 계속하는 나 자신을 그럴듯하게 속이기 위한 구실에 지나지 않았다. 내 결심은 항상 먹고 싶어 하는 욕구에 꺾였으며, 그때마다 '이번이 마지막이니까.' 하고 마음속으로 약속하면서 스스로에게 '문제'가 있다는 사실을 묵인하려 들었던 것이다.

'문제'를 안고 있는 괴로운 현실과, 거기서 다시 일어날 수 있을지 없을지도 모르는 불안함에 맞서 대항할 때 가장 먼저 나오는 변명의 말은 '나에게는 '문제' 같은 것은 없다.'는 것이다. '문제'의 존재를 부인하는 것도 '내일은 정말로 그만둬야지.' 하고 결심만 하고 있는 것과 마찬가지로, 이미 그 자체가 '문제'의 일부인데 말이다.

그럼에도 불구하고 그 사실을 인식하지 못한 채 결심을 손바닥 뒤집듯이 하고, 그 결과 때문에 괴로워하면서도 진정한 원인에 눈을 감고 묵인한다면, 그것이야말로 '문제'의 깊숙한 내면에 있는 '진실'에 다가서려고 하지 않는 행위와 다를 바가 없다.

이것은 알코올 의존증이나 다이어트 노이로제, 일에 대한 중독증, 대인 공포증, 누군가에 의해 시달리는 피해자 등 어떤 케이스도 매한가지이다.

'문제'를 부정하는 일이 무엇보다도 나쁜 것은, 진실을 모호하게 만들어서 '내면에 있는 자신에게 접근하지 못하도록' 하기 때문이다.

'내면에 있는 자신과 서로 마주 대하는 것'이 자신을 좋아하게 되는 첫걸음이라는 것은 이미 언급한 바 있다.

어떠한 버릇이든 다 그렇겠지만, '부정하는 일'도 몇 번이고 반복하게 되면 없애기 힘든 습성이 되어 몸에 배게 된다. 뿐만 아니라 당신이 '문제'를 부정하면서 계속 그대로 방치해 두려고 하면, 어느 사이엔가 주변 사람들도 그것을 거들어주게 된다. 그들도 당신이 괴로워하는 것을 보기가 안쓰러우므로 당신에게는 '문제' 같은 것이 없다고 믿고 싶어 하는 것이다.

예를 들자면, 지금의 당신을 필요로 하는 사람에게는 당신이 변하지 말고 그대로 있어주는 편이 훨씬 이득일 것이다. 지금까지 당신이 병을 앓고 있었던 것('문제'를 안고 있었던 것)으로 인해 서로 간에 관계

우리는 본디 연약한 인간이라 살아가기 위해
'문제'를 끌어안는다. 그리고 어떤 조치도
취하지 않은 채 괴로워하는 동안 어느 사이엔가
더더욱 약한 인간이 되어 버려, 끝내
그 '문제'에서 빠져나올 수 없게 되고 만다.

를 맺고 있었으므로, 거기서 낫게 되면 그 사람들도 어떠한 변화를
가져야만 하기 때문이다. 변화에는 고통이 따르고, 그 고통은 누구라
도 피하고 싶은 법이다. 따라서 주변에 있는 사람들도 당신에게 '문제'
가 있다는 것을 부인해 버리는 편이 훨씬 편한 상태가 되는 것이다.

더구나 부정하기를 그만두고, 자신에게 '문제'가 있음을 인정하는
것은 생각처럼 쉽지 않다. 그것은 자신의 실패를 드러내놓고 인정하는
것과 다름없기 때문이다.

우리는 본디 연약한 인간이다. 다만 살아가기 위해서 '문제'를 끌어
안는다. 그리고 어떤 조치도 취하지 않은 채 몸부림치며 괴로워하는
동안 어느 사이엔가 더더욱 약한 인간이 되어 버려, 끝내 그 '문제'에서
빠져나올 수 없게 되고 마는 것이다.

하지만 자신의 힘으로 거기서 빠져나올 수 없다고 하여, 새삼스레
누군가에게 도움을 요청하는 것이 참으로 한심스러운 일이라고 생각
되지는 않는가? 더구나 그렇게 시도해 보았는데도 안 된다면? 만약
'문제'에서 탈출했는데도, 그 이후로 인생이 호전되지 않는다면 어떻
게 해야 한단 말인가……?

그렇다면 '무슨 일이 있어도 지금의 상태를 개선하고 싶다. 이를
위해서라면, 지금까지와 완전히 다른 생활방식으로 살아도 상관없다.'

는 마음가짐이 되려면 어떻게 해야 좋을까? 어떤 일을 경험하면, 과연 그렇게 될 수 있을까?

'이제 이것으로 마지막이다.'라는 한계의 시점에 도달했어도, 자신의 '문제'를 인정하려 들지 않고 더더욱 깊이 끌려 들어간 사람의 이야기를 소개하겠다.

체험 수기집 《리커버리》를 통해, 찰리 마크무디는 코카인 중독에 빠져 지냈던 생활과 거기에서 벗어나게 된 과정을 적나라하게 적고 있다.

그는 어느 주말, 코카인 1온스를 전부 정맥에 주사하려고 마음먹고 더 이상 몸이 받아들일 수 없게 될 때까지 계속 주사를 놓았다고 한다. 그러면서 '이제 죽으면 그것으로 끝이고, 난 자유롭게 될 수 있다.'고 생각했다고 한다.

그는 코카인을 주사하던 도중에 그만 정신을 잃고 발작을 일으켰으며, 시간이 한참 지난 후에 다른 방에서 의식을 되찾았다고 한다.

그의 이야기를 들어본다.

"간신히 몸을 일으키자, 본능적으로 다시 세면대로 향했다. 죽음의 문턱에 들어서 있는 것 같은 상태에서도, 나는 거기 서서 다시 한

그는 어느 주말, 코카인 1온스를 전부
정맥에 주사하려고 마음먹고 더 이상 몸이
받아들이지 못할 때까지 계속 주사를 놓았다.
그러면서 '이제 죽으면 그것으로 끝이고,
난 자유롭게 될 수 있다.'고 생각했다.

번 주사기에 약을 넣었다. 거울 속에는 병든 사내가 비치고 있었고,
이것을 당장 중지하지 않으면 죽음만이 기다리고 있을 뿐이라는 느낌
이 왔다. 내가 해야 할 일은 단 한 가지, 주사기에 손을 대지 않는
것이었다. 하지만 그것을 알고 있으면서도 '딱 한 대만 더 맞은 다음에
그만두자.'는 생각에 사로잡혔다."

이 일이 찰리가 여기서 돌아서게 된 계기가 되었을 것이라고 여기겠
지만, 그게 아니었다. 그 후에도 그는 마약을 계속했다.

코카인을 비롯한 여러 가지 마약 때문에 결혼생활은 엉망이 되었고,
재산도 모두 탕진해 버렸다. 약물을 장기간에 걸쳐 사용했기 때문에
그는 과대망상증에 사로잡혔고, 드디어 결정적인 위기를 맞이했다.

최후로 남은 수단은 오직 자살뿐이라고 생각한 그는 부친에게 총을
빌려달라고 부탁했다. 그러자 부친은 더 이상 방치할 수 없다고 판단
하고 그를 입원시켰다. 그래도 여전히 호전의 기미는 보이지 않았다.

5주간에 걸쳐 해독 치료를 한 결과, 그는 마약 없이 지낼 수 있는
상태가 되었다. 하지만 아직도 자신의 인생이 얼마나 처참하게 망가져
있는가를 확실하게 인식하지 못하고 있었다.

주치의의 설득에 의해, 그는 아주 멀리 떨어진 주(州)에 있는 사설
요양소로 가겠다고 결정했다. 그리고 그곳으로 향했는데, 가는 도중

에 그에게 드디어 어떠한 변화가 일어났던 것이다.

"여전히 나는 반항적이었고, 당연히 다음과 같은 생각을 했다.

'앞으로 내가 마약이나 술을 정말로 끊게 되는 일이 생긴다면, 그 뜨겁다는 지옥도 싸늘하게 식어 버릴걸. 그런 일은 있을 수 없어.'

영혼 체험에 대해 설명하기란 어려운 일이다. 하지만 나는 그날 하늘로부터 나에게 계시가 있었다고 굳게 믿는다.

비행기는 도중에 덴버(Denver, 미국 콜로라도 주에 있는 도시)에 들렀었는데, 그곳에는 60cm나 눈이 쌓여 있었다. 다른 승객들에게 있어서는 별 대수롭지 않게 보였을 그 눈이 나의 인생을 송두리째 바꿔놓았다.

그 눈을 보는 순간, '보아라, 지옥은 이토록 춥단다.'라고 신이 나에게 말하고 있는 것처럼 느껴졌다.

그리고 나는 자신이 파리하게 야윈 마약 상습자이며, 지금이야말로 하늘의 도움을 필요로 할 때라는 사실을 깨달았다."

찰리는 현재의 심정을 다음과 같이 언급하고 있다.

"마약 투여를 중지하고 술을 끊는 것이 무엇보다도 중요하다고 생각한다. 그 상태에 있지 않으면, 자신이 이 세상에서 살고 있음을 실감할 수 없기 때문이다.

하지만 코에 관을 끼우고 팔에 바늘을 찌르고 있는 이상, 인간적인 애니 라센은 다음과 같이 말한다.
'개심(改心) 체험은 완전히 밑바닥까지
떨어졌을 때 일어난다. 거기에 이르러서
비로소 전환할 결심을 하게 되는
영적 체험을 맛보게 되는 일이 많다.'

성장도 기대할 수 없고 인생 또한 아무 의미도 없다.

나는 지금 마약 중독자들의 카운슬러로서 그들에게 힘이 되어주고 싶어서 일하고 있는데, 이런 일은 내 자신이 마약 중독에 걸려보지 않았다면 도저히 할 수 없는 성질의 것이다.

나는 이제야 인생을 살아가는 의미를 발견하게 되었고, 지금까지 맛보지 못한 행복을 느끼며 살아가고 있다."

찰리의 경우, 단순히 어떤 특별한 계기도 없이 쌓여 있는 눈을 바라보며 자기 자신과 인생에 대한 견해를 완전히 바꾸게 되었다.

이것은 이른바 '개심(改心) 체험'을 했다고 할 수 있다.

≪재기의 제2 단계≫라는 책에서 저자인 애니 라센은 '개심 체험은 완전히 밑바닥까지 떨어졌을 때 일어난다. 거기에 이르러서 비로소 전환할 결심을 하게 되는 영적 체험을 맛보게 되는 일이 많다.'라고 쓰고 있다.

나는 그것을, 당신이 '정말로 이제는 재기할 준비가 되었다.'는 것을 알게 해주는 체험이라 여긴다. 따라서 나는 라센과 마찬가지로 종교적인 의미가 아닌 인간의 정신 깊은 곳에서 맞닥뜨렸다고 하는 의미에서, 그것을 '영적 체험'이라고 부르기로 했다.

'영적 체험'은 당신과 누군가가, 혹은 장소 또는 어떤 사건과의 관계에서 무엇인가 통하는 것이 있었고, 그때 느낀 것이야말로 진실이라고 여기게 되는 체험을 말한다.

시간이 정지했다고 느낄 수도 있고, 마치 하늘이 자신을 지켜주고 있다고도 느낄 수 있다. 또한 자신은 하늘의 가호를 받기에 합당한 자라는 신비적인 암시를 받은 것처럼 여겨지기도 한다.

물론 모든 사람이 다 이와 흡사한 개심 체험을 하는 것은 아니다. 또한 자살 직전까지 간다거나, 수면제를 대량으로 복용하려는 위급한 순간이 아니면 일어나지 않는 것도 아니다.

그것은 상사로부터 해고하겠다는 말을 듣게 되었을 때라든가, 어린 아이의 눈에서 눈물을 보았을 때라든가, 친구가 당신의 일을 염려하고 있다는 말을 들었을 때라든가, 혹은 단순히 거울에 비친 자신의 모습을 보았을 때 언뜻 일어날 수도 있다. 또는 지겹고 따분하여 고독한 때라든가, 많은 인파 속에서 불현듯 불안을 느꼈을 때 일어날 수도 있을 것이다.

이와 같이 사람에 따라, 경우에 따라 개심 체험은 다양하다. 하지만 그것이 초래하는 결과는 누구에게나 마찬가지이다. 요컨대 그것에 의해 당신은 '문제'에 대해 눈을 감고 묵인하던 것을 중지하기도 하고,

사람 혹은 경우에 따라 개심 체험은 다양하다.
하지만 그 체험의 결과는 누구에게나 같다.
요컨대 그것에 의해 당신은 '문제'에 대해
눈을 감고 묵인하던 것을 중지하게도 되고,
자기 내면과 맞닥뜨릴 수도 있게 된다.

자기 내면과 직접 대면할 수도 있게 되는 것이다.

개심 체험은 대개 체험한 본인 외에는 그 진정한 의미를 모른다. 하지만 체험 당사자는 그때 비로소 자신을 진심으로 바꾸고 싶어 한다. 그리고 언제까지나 '문제'에 얽매여 있기보다는, 그것을 없애는 편이 훨씬 편안하다는 것을 깨닫게 되는 것이다.

하지만 실패를 괴로워하기만 해서는 결코 이 시점까지 이르지 못한다. 따라서 실패를 끙끙대며 괴로워하는 것 자체가 '문제'의 일부분임을 깨닫고, 그럴수록 '문제'가 더욱 커진다는 사실을 잊지 말기 바란다.

그리고 당신도 개심 체험이 일어나기를 기대하라. 혹시 어쩌면 당신의 경우, 이미 일어나고 있는지도 모른다. 또한 이 책을 읽고 있는 도중에 일어날지도 모른다.

그 체험이 기적적인 것인지 평범한 것인지는 알 수 없으나, 당신 마음에 직접적으로 영향을 끼칠 것이라는 점만은 분명하다.

그것은 반드시 처음의 한 발자국을 내디딜 수 있는 용기를 줄 것이다. 그리고 계속해서 한 걸음 한 걸음씩 내디딤으로써, 당신은 자신의 능력과 내재해 있는 놀라운 힘에 눈뜨게 될 것이다.

자기 점검

무엇이 계기가 되었다고 생각하는가?

1. 무엇이 계기가 되어 '다시 일어날 결심'을 하게 되었다고 생각하는가? 그 계기가 된 체험에 대해 생각해 보고, 솔직하게 답변해 보라.

2. 이전에 그만두겠다고 결심한 후 실패했을 때와 비교해서, 이번에는 어떤 점이 다르다고 생각하는가? 다른 점을 충분히 생각하여 답변해 보라.

'문제'는 서서히
해결되는 것임을
기억하라

나도 과거에는 '단 하루만이라도 폭식과 토하는 일을 하지 않고 지낸다.'면, 그것이 '문제'에서 벗어나 '다시 일어난 것'이라고 생각했었다.

나에게 있어서는 폭식증만이 '문제'였으므로, 그 증상만 일어나지 않으면 일이 해결된다고 여겼던 것이다.

그러나 간신히 음식물을 마구 입에 밀어 넣지 않아도 되게 되었을 때 인간관계나 자신의 가치, 자신, 신념 등에 대해 여러 가지 감정과 의문이 솟구쳐 오르기 시작했다. 그리고 그 후의 재기하는 과정에서 그러한 모든 의문점과 대결해야만 했다.

다시 말해 나에게 있어서 유일한 '문제'라고 생각했던 음식물에 대한 강박관념에서 벗어나는 것만이 아니라, 나에게는 그 밖에도 해결해야 하는 많은 '문제'가 있음을 깨닫게 된 것이다.

당신이 '문제'라고 생각하고 있는 것은, 어쩌면 실제로는 빙산의 일각에 불과한 것인지도 모른다. 일상생활의 표면에서는 보이지 않는 곳에서, 지금의 당신을 만들어온 지금까지의 인생 경험이 존재하고 있기 때문이다.

나는 앞서 당신의 '문제'는 마음의 아픔을 가볍게 덜어주기 위한 '도피처'가 되어주고 있다고 언급한 바 있다. 그 아픔은 지금 당신이

아무리 애써서 절제하고 금욕하려고 해도
그것만으로는 '문제'가 해결되지 않는다.
'문제'는 당신이 잊어버리고 있는, 어쩌면
억지로 잊으려고 애쓰던 근본적인 원인에서
나오는 증상의 하나에 불과하기 때문이다.

갖고 있는 '문제'가 발생하기 훨씬 전으로 거슬러 올라가 시작되었다. 옛날에 있었던 '문제' 위에 계속하여 새로운 '문제'를 덮어씌워 왔으므로, 옛날의 '문제'가 아직도 남아 있다는 것을 당신 자신이 인식하지 못할 뿐이다.

'문제'가 시간과 함께 발전해 온 것처럼, '다시 일어나는 데' 있어서도 그만한 시간을 필요로 한다.

이 점은 납득하기 어려울지도 모른다. 단순히 '담배만 끊으면 될 텐데.' 혹은 '그저 술만 끊으면 될 텐데.'라고 간단하게 생각할지도 모르지만, 결코 그렇지가 않다.

아무리 애써서 절제하고 금욕하려고 해도 그것만으로는 '문제'가 해결되지 않는다. '문제'는 당신이 잊어버리고 있는, 어쩌면 억지로 잊으려고 애쓰던 근본적인 원인에서 나오는 증상의 하나에 불과하기 때문이다. 따라서 무엇보다도 그 근본적인 원인을 규명하는 것이 중요하며, 이 점은 '문제'에서 벗어남에 따라 조금씩 알 수 있게 될 것이다.

나쁜 습관을 고치겠다고 마음먹는 일은 시작에 불과하므로, 이 과정에서 시간이 오래 걸린다 하더라도 실망하지 말아야 한다. 왜냐하면 재기하는 과정에는 끊어야 할 것만이 아니라, '해야 할 것'도 실로 많기 때문이다.

또한 일이 잘 되어감에 따라서 재기한다고 하는 의미 자체도 조금씩 변해 갈 것이다. 아주 작은 한 발자국을 내딛는 것만으로도 당신은 더 이상 여태까지의 당신이 아닌 셈이다. 그리고 첫 걸음이 다음의 한 걸음을, 또 그것이 다음의 한 걸음으로 이어져 계속해서 나아가는 것이다.

알코올 의존증으로 고생하는 사람들의 모임에는 '우선 오늘 하루를 어떻게 잘 지내보자.'라는 모토가 있다. 이것이야말로 재기하는 방법이기도 하며, 또한 인생을 살아가는 방법이 아닐까 싶다.

다음으로 꼭 기억해 두어야 할 사항을 몇 가지 제시한다.

● '다시 일어나려면', 뭐니 뭐니 해도 일단 시작을 해야 한다.

물론 처음에는 어찌해야 좋을지 몰라 갈팡질팡할 것이다. 지금까지의 중독을 끊게 되면 보통 육체적인 부작용으로서 금단(禁斷) 증상이 나타나는데, 그것뿐만이 아니라 정신적으로도 여러 가지 괴로운 감정이 밀려와 무척 힘들어지기 마련이다.

그때까지는 '문제'가 그런 괴로운 감정에서 피할 수 있도록 도움이 되어주었는데, 그것이 없어짐에 따라 그 감정들이 삽시간에 표면으로

굳게 결심을 했는데도 좌절감이
느껴졌다고 해서, '다시 일어나는 데'
실패한 것이라고 볼 수는 없다.
왜냐하면 좌절은 다시 일어나는 과정에서
늘 따라다니는 부산물이기 때문이다.

돌출되기 때문이다.

또한 마음 한구석에 억눌러 두었던 기억이 되살아나기도 하고, 걷잡을 수 없을 정도로 감정의 기복이 심해지기도 한다.

하여간 이 시기는 육체적 · 정신적인 동요가 집중적으로 엄습해 오는 때이다. 그러나 그것을 두려워하여 눈을 돌려 버리거나 도망쳐서는 안 된다. 만약 이런 육체적 · 정신적인 동요에 굴복하게 될 것 같으면 지체 없이 병원으로 달려가서 내과와 정신과의 양쪽 치료를 받도록 해야 한다.

● 좌절감도 당연히 따를 것이다. 당신이라면, 좌절감이 찾아올 때 어떻게 생각하는가? '역시 난 틀렸어.'라고 체념하는가? 아니면 '부끄러워서 남에게 말할 수 없어.'라고 생각하는가? 그렇지 않으면 좌절도 하나의 공부라고 여유 있게 생각하는가?

굳게 결심을 했는데도 좌절감이 느껴졌다고 해서, '다시 일어나는 데' 실패한 것이라고 볼 수는 없다. 왜냐하면 좌절은 다시 일어나는 과정에서 늘 따라다니는 부산물이기 때문이다.

'다시 일어나는 데' 성공한 많은 사람들은 좌절을 통해서 여러 가지 소중한 것을 배웠다고 이야기한다. 이 말은 당신에게 용기를 북돋워주기 위해서 일부러 하는 것이 결코 아니며, 그렇다고 해서 좌절을 장려하는 것도 아니다. 단지 한 번이나 두 번의 좌절이 있다 해도, 원점으로 되돌아가는 것은 아니라는 점을 말해 두고 싶을 뿐이다.

어째서 좌절했는지를 천천히 자문자답하면서, 이것을 통해 더욱 전진하려면 어떻게 해야 좋을지를 생각해 보라. 그러면 자연스레 답변이 나올 것이다.

나와 남편의 공저인 ≪폭식증 — 재기로 이끄는 법≫이란 책에서, 폭식증으로 고통을 받다가 '다시 일어나는 데' 성공한 동료 중 한 사람은 그 과정에서 자신이 배우게 된 사실에 대해 다음과 같이 이야기하고 있다.

"'이번에야말로 토하지 않겠다.'는 결심을 수차례 했던 만큼, 다른 사람들보다 더 많은 공부를 한 셈이다. 그러다보니 보다 나은 방향으로 이끌어 가는 지혜를 더 많이 얻게 되었다고 생각한다.

실패에 의해서 모든 것이 끝났다고 생각한 것이 아니라, 계속하여 '또다시 토하지 않겠다.'고 결심할 수 있었다. 그리고 좌절할 때마다, 그때의 상황을 다시 떠올려보면서 오히려 좋은 기회로 받아들이게 되었다.

처음에는 '잘되기 위해서라면 어떤 상황도 극복해야 한다.'고 생각

실패에 의해서 모든 것이 끝났다고 생각한
것이 아니라, 계속하여 '또다시 토하지
않겠다.'고 결심할 수 있었다. 그리고 좌절할
때마다, 그때의 상황을 다시 떠올려보면서
오히려 좋은 기회로 받아들이게 되었다.

하고 있었으므로, 좌절을 나약함의 증거라고만 생각했다. 그러나 점차 토하지 않는 횟수가 늘어감에 따라 '그래, 이런 식으로 조금씩 강해지면 되지 않는가.'라는 생각이 들기 시작했다.

그렇게 생각하자 자신을 받아들이는 것이 한층 쉬워졌으며, 자신에 대해 보다 긍정적으로 생각할 수 있게 되었다. 또한 토한 뒤에 어떻게 느꼈는지, 그리고 토하지 않고 있을 때는 어떻게 느꼈는지를 주의 깊게 관찰할 수도 있게 되었다.

그리고 점차 '더욱 좋아질 수 있다.'는, 자신에 대한 신뢰감을 확실하게 가질 수 있게 되었다."

● 회복되어 감에 따라, 재기한다고 하는 것이 점차 다른 의미를 지니게 된다. 그것은 단순히 몸에 해가 되는 행위를 중지한다는 의미만이 아니다.

하나의 난관을 극복할 때마다 마음속의 제약이나 규정 사항 등, 그때까지 자신을 얽매고 있던 '틀'에서 차츰 해방되어 자신이 훨씬 가뿐해지는 것을 인식하게 될 것이다.

그리고 그때까지 당신의 마음속에 그리고 있던 목표, 가치관, 자신에 대한 이미지, 자신의 능력 등도 당신이 변해감에 따라 변화되어

가는 것을 느끼게 될 것이다.

● 재기하는 일에는 '끝'이 없다는 것을 깨닫게 될 것이다. 어느 날 눈을 떠보니, 자신이 꿈꾸어 오던 이상적인 모습으로 변해 있었다는 일은 있을 수 없기 때문이다.

'다시 일어나려고' 하는 노력을 끊임없이 지속해 나가는 동안, 당신은 다음과 같은 사실을 깨닫게 되리라고 생각한다. 요컨대 '다시 일어나는 일'의 진정한 의미는 단순히 '문제'를 어떻게 처리하는 것만이 아니라 오히려 자신을 좋아하게 만드는 것, 좀 더 자세히 말하자면 당신이 자신의 인생을 어떻게 살아갈 것인가를 생각하는 데 있는 것이라고…….

'다시 일어나는' 과정은 삶의 길을 걸어가는 것과 동일하다. 따라서 거기에 '끝'이란 있을 수 없는 것이다.

● 처음에는 자신을 아주 부드럽게 대하기 바란다.

초조해하지 말라. 스스로를 인정해 주라. 작은 성공에도 깊은 만족감을 표해 주는 것을 결코 잊지 말기 바란다.

'잘했어.' 하고 마음속에서 자신의 어깨를 두드려주도록 하라. 아니,

'다시 일어나는 일'의 진정한 의미는 단순히
'문제'를 어떻게 처리하는 것만이 아니라
오히려 자신을 좋아하게 만드는 것이다.
보다 자세히 말하자면 당신이 자신의 인생을
어떻게 살아갈지를 생각하는 데 있는 것이다.

실제로 어깨를 두드려보라. 바보스럽다는 생각이 들지도 모르지만,
만족스런 기분이 자신의 내면에 확실하게 전달될 것이다.

적극적으로 한 걸음 한 걸음 나아가는 것, 그것이야말로 자신을
좋아하게 되는 유일한 방법이니까…….

자기 점검

지금까지의 노력을 인정해 준다

잘했다고 자신의 어깨를 두드리면서, 다음 문장을 완성시켜 보라.

1. 최근 들어, 나는 전보다 기분 좋게 (   )를
   할 수 있게 되었다.
2. 요즈음 매사를 바라보는 나의 견해가 이전과는 다르게 된 것은
   (   )의 탓인지도 모른다.
3. 나는 최근 (   )에 크게 영향을 받았다.
4. 최근 (   )이라는 점에서 자신이 변한 것
   같이 느껴진다.
5. 이전보다도 (   )를 수월하게 할 수
   있게 되었다.
6. (   )을 내 스스로의 판단으로 결정할 수
   있게 되었음을 깨달았다.
7. 앞으로 1년 후에 나는 (   ).
8. (   )을 감사하고 있다.

당신이 하는
일의
의미를 찾아라

때로 '문제'만이 크게 부각되어 마음을 독점해 버리는 바람에 꼼짝도 못하는 경우가 있다. 그렇게 되면 자신이 무능하게 여겨져 위축되고, 그 상태에서 벗어나겠다고 하는 의욕마저 상실하게 된다. 마치 '문제' 그 자체가 의사(意思) 결정권을 가지고 있는 양, 당신을 대신해서 멋대로 판단을 내리는 것처럼 느껴지기도 한다.

우리는 실패나 위험을 무릅쓰는 일뿐만 아니라 도전, 변화, 반격, 첫째가 되지 못하는 것, 불행해지는 것, 불확실성, 꿈꾸는 일, 사랑…… 등, 요컨대 인생 그 자체를 두려워하고 있다. 그러므로 스스로 선택한 일임에도 그 책임을 '문제'의 탓으로 돌려 버리는 경우가 비일비재하다. 아무튼 마음이 온통 '문제'에만 사로잡혀 있으므로, 인생을 맛볼 여유 따위는 전혀 없는 것이다.

자신의 '문제'조차도 어쩌지 못하기 때문에, 자신이 타인에 대해 무엇인가를 해줄 수 있다는 것은 생각조차 하지 못한다. 그러다보니 점점 남들로부터 고립하여 살아갈 수밖에 없게 된다.

자신의 '문제'에만 집중하다보면, 타인의 일이나 문제에 시간을 할애할 수가 없다. 그러다보면 '문제' 이외의 것은 자신과 아무런 관계도 의미도 없다고 생각하기 십상이다.

하지만 사람은 무인도에서 살아가고 있는 것이 아니다. 당신이 하는

일상 속에서 별 의미 없어 보이는 당신의
행위가 누군가에게는 어떤 영향을 주고 있다.
타인에 대해서만이 아니다. 당신이
생각하고 있는 것, 하고 있는 일 모두가
당신 자신에게 어떤 영향을 미치게 된다.

일은 모두 다른 사람에게 어떠한 영향을 준다. 당신의 말 한 마디,
시선, 목소리 억양, 게다가 당신의 체취조차 누군가에게 영향을 미치
고 있으며, 마찬가지로 당신 또한 자신도 모르는 사이에 타인에게
영향을 받고 있는 것이다.

매일 매일의 생활에 있어서 별 의미 없어 보이는 당신의 행위가
누군가에게 어떤 영향을 주고 있는지 전혀 생각해 본 적이 없을 것이
다. 타인에 대해서만이 아니다. 당신이 생각하고 있는 것, 하고 있는
일 모두가 당신 자신에게 어떠한 영향을 미치고 있는 것이다.

밝은 생각이나 호의적인 행동은 다른 사람들에게 긍정적인 영향을
주지만, 어두운 생각이나 적대적인 행동은 부정적인 결과를 낳는다.
당신은 어느 쪽을 선택하겠는가?

감기 바이러스를 생각해 보라. 당신이 유행성 독감에 걸려 있다가
그것을 가족이나 동료, 친구, 그 밖의 여러 방법으로 접촉한 사람들에
게 옮겼다고 치자.

당신에게서 감염된 가게 주인은 그것을 신문기자에게 옮기고, 신문
기자는 카메라맨에게 옮기고, 카메라맨은 우연히 백악관에서 대통령
인터뷰를 하다가 대통령에게 옮겼다고 치자. 그리고 대통령이 유엔에
서 각국의 원수들에게 옮기는 바람에 그 감기가 전 세계에 퍼졌다고

치자. 당신이 감기에 걸린 탓에, 그 영향이 전 세계적으로 파급된 결과를 낳은 것이다.

이번에는 감기 바이러스를 당신 삶의 태도와 바꿔서 생각해 보자.

만약 당신이 솔직하고 따뜻하며 애정 어린 마음으로 살아가고 있다면, 틀림없이 주변 사람들에게도 좋은 영향을 주게 될 것이다.

마이클 잭슨의 '종 속의 남자'라는 노래 중에 '이 세상을 아름답게 만들려면 먼저 자신을 바꾸어야 한다.'라는 구절이 있는데, 정말 옳은 말이라고 생각한다.

여기에서는 로버트 샌더슨의 일을 소개하려고 한다.

그는 우리 부부가 출판한 ≪리커버리≫의 기고가 중 한 사람인데, 구제할 길 없는 술 주정뱅이였다. 그러나 나는, 이 사람만큼 헤어 나올 길 없는 막막한 상태에 처해 있는 가운데 많은 일을 이루어놓은 사람을 본 적이 없다.

그는 놀랍게도 세 살적부터 술을 마시기 시작하여 20년 이상이나 집 없는 부랑자로서 슬럼가에서 지내고 있었다. 샌더슨은 여기저기 주차장에서 잠을 잤으며, 간신히 몇 푼의 돈을 모아서는 싸구려 와인을 사마시고 취해서 형무소 들락거리기를 밥 먹듯이 했다.

> 그는 오로지 혼자서 소송을 제기했다.
> 알코올 중독증이라는 이유로 사람을
> 형무소에 가두는 것은 당뇨병이니까
> 체포한다는 것과 다름없는 일로서, 인간은
> 그렇게 취급당해서는 안 된다고 그는 믿었다.

'아침에 눈을 뜨면 두렵고 기분이 나빠, 잠에서 깨어나기 위해서만 최저 한 병의 와인을 마셔야 했다. 위스키는 너무 독하고, 와인이 가장 신경을 안정시켜 주고 기분을 침착하게 만들어주었다.'라고 그는 고백 하고 있다.

몇 십 년이나 가족과 소식이 두절되었으며, 사귀는 사람이라고 해봤 자 철도 화차를 타고 여기저기 떠도는 유랑자나 유치장을 들락거리는 술주정뱅이들뿐이었다. 1년에 평균 260일이나 형무소에서 지내는 생 활을 10년 동안 계속한 적도 있었다.

그러는 사이 그는 술주정뱅이인 누군가가 죽으면 이름도 없이 번호 판만 달린 채 마치 물건마냥 시체실로 옮겨가는 것을 여러 번 보게 되었다. 더 이상 내려갈 곳 없는 밑바닥 인생이었다.

그래도 그는 형무소 안에서, 알코올 중독증은 병인 까닭에 '공공의 장소에서 취한다고 해서 법에 저촉된다고 하는 것은 잘못.'이라고 주장 하며, 오로지 혼자서 소송을 제기했다. 알코올 중독증이라는 이유로 사람을 형무소에 가두는 것은 당뇨병이니까 체포한다는 것과 다름없는 일로서, 인간은 그렇게 취급당해서는 안 된다고 그는 믿었다.

그는 편지를 쓰고, 형무소 내에 있는 도서관에서 빌린 법률서적으로 공부도 하며, 10년 동안 청원서를 80통이나 제출했다. 게다가 무엇보다도 중요한 행위는, 공공의 장소에서 술에 취했다는 이유로 유죄가 되는 것을 거부한 것이다.

하지만 형무소는 그의 신청에 귀를 기울이지 않았다. 유죄에 의한 법정의 구류 기간보다도 오래 있었으므로, 더 이상 그 문제는 논할 필요가 없다는 이유로 수개월 후에 소송을 기각시켜 버렸다.

로스앤젤레스에서 그는 15년 동안이나 같은 일을 반복했는데, 어느 날 정부기관에서 일하는 야심적인 변호사가 그의 소송에 흥미를 보이게 되었다. 그는 보석금을 내어 샌더슨을 형무소에서 꺼내고, 우선은 치료시설에 들어가도록 계획을 세웠다. 치료시설에 들어가 지내기란 30년간의 그의 인생에 있어서 처음 있는 일이었다.

당연한 일이긴 하지만, 샌더슨은 좀처럼 재기하지 못했다. 그 시점에서 그의 목표는 법정에 서는 것이었지 술을 끊는 것이 아니었기 때문이다. 그러므로 치료시설에서 빠져나와서는 거나하게 취했고, 그로 인해 치료시설에서 쫓겨나 결국에는 형무소로 되돌아가는 식의 일을 계속 반복했다.

재판에서 이기기 위해서는 술을 끊어야 한다는 변호사의 설득에 순종하기까지, 12회나 거듭해서 형무소를 드나들었다.

이렇게 하여 마침내 이번만큼은 술을 끊기로 스스로 굳게 작정하고

재판에서 이기려면 술을 끊어야 한다는
변호사의 설득에 순종하기까지, 그는
12회나 거듭해서 형무소를 드나들었다.
그러나 일단 목표를 정해 놓게 되자, 그는
모든 노력 끝에 결국 술을 끊을 수 있었다.

치료를 위해 되돌아왔다. 그리고 일단 목표를 정해 놓게 되자, 그는 알코올 중독증에서 벗어나기 위한 일이라면 어떠한 노력도 아끼지 않았다. 그리고 치료시설에서 만난 전문가들의 적극적인 관심 덕분에 그는 드디어 술을 끊을 수 있게 되었다.

샌더슨은 법의 실체를 공공연하게 비판하며 금주를 주장했다. 최후에는 재판에서 이겼고, 그 결과 로스앤젤레스 공공장소에서의 술주정뱅이 체포 건수가 50만 건 이상이었던 것이 수년 후에는 1천 건으로 감소했다. 나아가서 그 승소로부터 10년 사이에 35개 주(州)가 공공장소에서 만취한 것을 범죄로 간주하지 않게 되었다.

우리 모두가 사회의 개혁가가 될 수 있는 것은 아니다. 또한 대부분의 사람은 그렇게 되기를 원하지도 않을 것이다. 자기 자신을 소중히 여기기도 어려운 일인데, 하물며 세상이나 다른 사람들을 위해서라면 더더욱 힘이 드는 일이기 때문이다.

하지만 극히 작게 여겨지는 친절도 타인에게 영향을 끼치듯이, 무신경한 태도나 모호한 태도 역시도 주변에 나쁜 영향을 끼치게 된다. 또한 아무리 작은 일이라도 자발적으로 타인에게 어떤 행동을 시도하게 되면, 그때 당신은 '내가 하는 일에는 의미가 있다.'라고 인정하게 된다. 즉 우리가 하는 일은 매사에 의미가 있으며, 상호간에 영향을 끼치고 있다는 것을 알아가게 되는 것이다.

'나는 가치가 있으며, 또한 사람은 누구나 그러하다. 나는 사랑과 배려를 받기에 합당한 인간이며, 사람은 모두 그러하다. 나의 인생이 의미가 있는 것처럼, 다른 사람의 인생도 마찬가지로 의미가 있다. 인생은 그 누구에게나 둘도 없이 소중한 것이다.'

'문제'로 고심하고 있던 사람이 이처럼 생각할 수 있게 된다면, 그것 이야말로 혁명적인 전환이라 말해도 좋을 것이다.

본인이 자각하든 자각하지 못하든, 사람은 누구나 가치가 있다. 만약 당신이 사람과 인생에 대해 이렇게 생각한다면, 당신의 앞날은 밝음이 보장되었다고 말할 수 있을 것이다.

인생의 도전은 순간의 연속으로 이어지지만, 수면에서 일어나는 자잘한 파문처럼 당신의 행동에 의해서 주변의 사람들의 삶과 많은 일들이 달라질 수도 있게 된다. 그러므로 가장 먼저 당신 자신을 소중히 여김으로써 주변에 좋은 영향이 미치도록 하는 노력이 필요하다.

그러기 위해서 '당신은 할 수 있다. 당신의 인생은 가치가 있으며, 의미가 있다.'는 것을 스스로에게 암시해 주라. 실제로 그러하니까.

하루 종일 온화한 마음을 갖도록 노력한다

이번에는 좀 어려울 것이다. 어떤 것이든 좋으니, 당신과 다른 사람들이 함께 기뻐할 수 있는 일 한 가지를 생각해 보라. 그것은 자신의 마음가짐이든, 결의이든, 또는 구체적인 행동이든 상관없다.

그것을 메모지에 써서 가방에 넣어가지고 걸어 다니는 것이다. 그리고는 하루 종일 몇 번이고 반복하여 그것을 되씹어보라. 무엇인가 변화가 있을 것이다.

만약 어떤 말부터 시작하면 좋을지 알 수 없다면, 다음과 같은 것은 어떨까?

● 나를 포함해서 이 세상의 모든 사람은 둘도 없이 소중하며, 가치가 있는 존재들이다.

● 내가 있는 곳에는 늘 사랑이 넘치고 있다.

● 나를 둘러싸고 일어나는 모든 일을 긍정적으로 생각하고, 항상 긍정적인 발언을 하자.

● 나는 매일 여러 가지 면에서 차츰 좋아지고 있다.

- 만나는 사람 누구에게든, 그리고 자신에게도 사랑과 존경심을 가지고 대하자.

- 인생은 더할 나위 없이 소중한 것이다.

- 인생은, 그리고 나의 삶은 기를 쓰고 쟁취할 만한 충분한 가치가 있는 것이다.

  자, 당신이 메모지에 써서 갖고 다니고 싶은 내용은?

당신은 누구인가

여기에서는 당신의 장점을 강조하고, 단점은 축소시켜보려고 한다. 이를 위해서는 당신의 결점에 대해 잘 알아야 한다. 하지만 누구나 자신의 약점을 정직하게 인정하는 것은 괴로운 일이다. 혹시 당신은 이 단계를 뛰어넘어 버리고 싶을지도 모르지만, 부디 이 과정을 잘 통과해 주길 바란다.

사실 이것을 시도하는 진정한 의미는 당신에게 결점 따위는 거의 없다는 것을 알려주고 싶어서이다. 어느 테라피스트(therapist)는 "언제나 자신을 비하시켜서 보는 사람을 대할 때 가장 힘든 것은, 그가 어떠한 인간인가를 정확하게 언급하는 일이다."라고 말하고 있다.

자신을 직시하는 일이 어째서 어려운지, 그 이유를 들어보도록 하자.

① 오로지 '문제'만을 생각하므로, 자신의 결점밖에 보지 못하고 장점을 무시한다.
② 차라리 자신의 결점에 대해 생각하는 편이 마음 편하다.
③ 자신을 외관상으로만 보려고 한다.
④ 진정한 자신을 아는 것이 두렵다.
⑤ 자신의 진정한 모습을 보는 것이 부끄럽다.
⑥ 스스로도 자신에 대해 모르는 것이 많다.

이들 이유에 대해, 각각 좀 더 상세하게 언급해 보도록 하자.

● 결점밖에 보지 못하고 장점을 무시한다

자신의 일을 생각할 때 당신은 스스로의 결점만 보고 그것이 당신의 전부인 양, 거의 대부분을 차지하고 있는 듯이 여기고 있을 것이다.

'문제'를 갖고 있으면 이를 통해서 충동감이나 좌절감, 실망감, 나약함, 소극성 따위의 감정을 맛보는 사이에 그것이 그대로 자기 자신처럼 느껴지게 되고 마는 경우가 적지 않다.

가령 나의 경우를 보자면, 나는 본래 여러 가지 가능성을 지닌 가치가 있는 인간이라는 것을 전혀 인식하지 못했다. 종종 폭식하며 토하는 행위를 자신을 지키기 위해서 한다는 생각은 꿈에도 하지 못했었다. 폭식증에 걸려 시달리고 있는 만큼, 내 자신은 아무데도 쓸모가 없는 인간이라고만 여기고 있었던 것이다.

● 차라리 자신의 결점에 대해 생각하는 편이 마음 편하다

때로는 자신에 대해서 나쁘게 생각하는 편이 마음 편하기도 하다. 만약 그것이 당신과 주변 사람들이 오랜 세월에 걸쳐 만들어 온 습관이라면, 주변 사람들도 그러한 당신을 은연중에 지지해 왔을 것이다.

때문에 주위의 반감을 사지 않기 위해서라도, 당신은 그런 인간을 연출하고 있는 편이 무난하고 편하다고 느끼게 된다.

하지만 자신의 결점을 인정하고 책망하는 것은 자신을 변화시켜야 하는 의무에서 일시적으로 벗어나기 위한 수단에 불과하다.

당신은 자신이 바뀌는 것을 불안해한다. 자신이 나쁘게 여겨지면 질수록 그런 만큼 다른 사람을 존중하고 기쁘게 하려고 노력한다. 뿐만 아니라, 자신을 책망함으로써 다른 사람들로부터의 공격을 피하여 안도감을 얻기도 한다.

더러는 다른 사람들로부터 '좋은 사람'이라고 칭찬을 받는 일도 있을 것이다. 그럴 때 당신은 자신의 마음을 제대로 컨트롤하고 있는 것 같은 기분도 느끼기 때문에, 당신은 자신의 결점을 강조하는 것이 살아가기 위한 수단으로서 지극히 당연한 것이라고 여기면서 받아들이게 되는 것이다.

● 자신을 외관상으로만 보려고 한다

이것은 '단계 5'의 '모든' 영역이다. 사실은 자신의 내면을 보고 '나는 이러하다.'라고 생각해야 함에도, 당신은 주변과 자신을 비교해 보고 '나는 이렇게 해야 한다.'라고 생각한다. '좀 더 살을 빼야 해.', '더 많은 돈을 소유해야 해.', '좀 더 감정을 조절할 수 있어야 해.', '더 많은 사람들의 호감을 사야 해.', '좀 더 다른 자신으로 변화해야 해.'라는 식으로 생각하는 것이다.

다시 말해, 당신은 '지금'을 살지 않고 '미래'를 살고 있는 셈이라고 할 수 있다. 이와 같은 삶의 태도는 스트레스와 열등감을 만들어내기 십상이다.

자신이 여러모로 부족한 인간이라고 생각하는 것뿐만 아니라, 더더욱 나쁜 것은 남들도 자신을 그렇게 보고 있음에 틀림없다고 여기는 일이다. 하지만 그것은 당신의 억측에 불과하다. 당신은 그저 남들이 자신의 일을 어떻게 생각하고 있을지 걱정이 되고, 그것이 걱정되어 견딜 수 없는 것이다.

야구의 월드 시리즈에서 만루라고 치자. 감독과 피처와 캐처와 유격수가 마운드에 모여 머리를 맞대고 있을 때, 혹시 당신은 그들이 자신의 이야기를 하고 있는 것은 아닐까 하고 걱정하지는 않는가?

● 진정한 자신을 아는 것이 두렵다

지금까지 괴로운 심정에 대해서 시치미를 뚝 떼고 표면만 그럴듯하게 꾸며오고 있었다면, 그것을 제거하고 그 감정을 직시하는 것만큼 두려운 일은 없을 것이다.

거짓으로 꾸며진 겉모습 속에서 두려워하고 있는 진정한 자신을 부정하며 억눌러두는 편이 편하다고 여기고 있기 때문이다. 따라서 '진실'을 알고 싶지 않은 것이다.

● 자신의 진정한 모습을 보는 것이 부끄럽다

사람들은 '문제'가 있는 것 자체를 부끄럽다고 여기는 경우가 적지 않다. 왜냐하면 그것이야말로 자신이 나약하고 가치 없는 인간이라는 증거라고 생각하고 있기 때문이다. 따라서 자신을 솔직하고 정확하게 보고 싶어 하지도 않는다. 왜냐하면 그렇게 되면 지금까지 얼마나 자신이 스스로에게 고통을 주어왔는지를 알게 되기 때문이다.

진실 앞에서 눈을 감아 버리면, 아픈 상처를 건드리지 않고 살아갈 수 있을지도 모른다. 하지만 당신은 그런 눈속임 속에서 무엇인가가 석연치 않게 느껴져, 수치스럽다는 감정을 떨쳐내지 못할 것이다.

● 스스로도 자신에 대해 모르는 것이 많다

불건전한 습관에 완전히 빠져 버리게 되면, 자신의 내부 속에 스스로도 알 수 없는 부분이 증가하게 마련이다. 그것이 장점인지 단점인

지는 뒤로 제쳐놓고서라도, 아무튼 무엇인가가 보이지 않게 되는 것만
은 확실하다.

눈을 감고 있으면 태양을 볼 수 없다. 물론 보려고 하지 않으면
당신 자신을 보지 않을 수도 있다.

하지만 다음 사항의 자기 점검을 통해, 진정한 당신의 모습을 보아
주기 바란다.

자기 점검

자신을 총점검해 본다

이 카운슬링의 목적은 자신을 분석하여 장점은 칭찬하고, 단점에 대한 견해를 달리 생각하게 하려 하는 데 있다. 따라서 질문에 상세하게 답변해 주기 바란다.

좋은 점은 강조하고, 결점은 그 표현법을 달리해 보도록 한다.

1. 자신의 성격 중에서 좋은 점을 인정해 주자.

(예 : 나는 누구에게나 좋은 친구이다. 유머 센스도 있다. 남들을 웃기고 즐겁게 하는 것을 좋아한다. 신뢰할 수 있으며 믿음직스럽다. 다른 사람의 고민거리를 마치 나의 일인 양 들어줄 수 있다. 그러니 남들이 좋아하는 것도 당연하다.)

● 좀 더 적극적으로!

(예 : 우리 집은 작지만 근사하며, 최고의 장소에 위치해 있다.)

● 친한 친구가 당신의 장점을 들어 칭찬하고 있는 모습을 상상해 보라.

2. 자신의 단점을 가능한 한 작게 보길 바란다. 단점이란 당신 성격의
   바람직하지 못한 점과 인생을 살아감에 있어서 마음에 들지 않게
   여겨지는 점을 말하는데, 당신이 가지고 있는 단점 따위는 그렇게
   대단한 것이 아니라고 생각하게 만드는 방법이다.

- 다음과 같은 말을 다른 말로 바꿔보라. 정확하게 비판을 가하지
  말고 말을 바꿔보는 것이다. '너무 뚱뚱하다.'를 '체중이 80kg이다.'
  라고, '과음한다.'를 '스트레스를 술로 해소한다.'라는 식으로 표현
  을 바꿔서 해보라.

- 결점이 있다면 반드시 거기에 상응하는 장점도 있음을 깨닫기를
  바란다.
  예를 들어 '울보다.'를 '감수성이 예민하다.'로, '일 중독자처럼 일에
  만 골몰한다.'를 '끈기와 집중력이 뛰어나다.'라고 바꿔 말해 보라.

● 지금으로서는 아직 변할 만한 여지가 보이지 않는 당신의 결점을
  있는 그대로 받아들여보라.
  '마약 중독자가 되어 수치스럽다.'를 '삶의 여러 가지 고난을 잊기
  위해 마약에 손을 댄 것을 인정한다.'라고, '폭행을 당한 일이 있는
  까닭에 남들과 친밀한 관계가 되기가 두렵다.'를 '폭행당한 일은
  사실이다. 그래서 남들과 친밀해지는 데는 시간이 걸릴 것이다.'라
  고 바꿔서 생각해 보라.

● 친한 친구가 당신의 결점을 다른 사람에게 어떻게 설명하는지 상상
  해 보라. 친한 친구는 당신에게 결점이 있는지 없는지의 여부에
  상관없이 당신을 좋아한다는 사실을 잊지 말기 바란다.

자기 내면의 소리에 귀를 기울여라

'**나**는 왜 살고 있는 것일까? 인생에 과연 어떤 의미가 있는 것일까?'라는 식으로 생각해 본 적은 없는가?

당신은 인생에서 무엇을 원하고 있는가? 행복해지고 싶은가? 사랑하는 사람들이 있고, 안정된 생활을 누리며, 조금이라도 이 세상에 유익한 사람이 되고 싶지는 않은가?

그렇다면 그런 인생은 어떻게 해야 손에 넣을 수 있을까? 그것은 지금 바로 당신의 눈앞에 있는 결단에 의해 곧바로 진입할 것인지, 아닌지의 여부가 결정된다.

무엇인가에 의존하지 않고는 견딜 수 없는 사람은 장기적인 목표를 지니지 않고 살고 있다고 단언할 수 있다. 그런 사람은 일반적으로 '인생에서 무엇을 바라는가?'라는 질문에 거의 답변을 하지 못한다. 인생의 꿈이라는 것에 대해서도 무관심하고, 혹은 가치를 그다지 인정하지 않기 때문이다.

단기적인 목표가 있다 하더라도, 그것을 '문제'와 별개로 떨어뜨려 놓고는 생각하지 못한다. 만약 당장 기분이 좋아지는 일(또는 고통이 없어지는 일)과 그 의존증에서 벗어나 '다시 일어나는' 방법 중 하나를 선택하라고 다그치면, 눈앞의 만족감을 얻는 데 마음이 쏠려서 올바른 선택을 하지 못하는 경우가 대부분이다.

정말로 '다시 일어나겠다.'고 결심한 사람은
스스로 성취하고 싶어 하는 것을 상황 속에
그대로 맡겨두는 것이 아니라, 자신이
주체가 되어 이끌어가려고 노력한다. 또한
미래의 생활에 대해 희망을 품고 살아간다.

그런 유형의 사람들은 일시적으로 들뜬 기분에 빠지든가 찰나적인 감정에 몸을 맡기려고 하는 일이 다반사다. 그리고 그때가 지나고 나면 죄악감이나 패배감, 혹은 자신이 정말로 형편없는 인간이란 생각에 빠져들고 만다.

정말로 '다시 일어나겠다.'고 결심한 사람은 스스로 성취하고 싶어 하는 것을 상황 속에 그대로 맡겨두는 것이 아니라, 자신이 주체가 되어 이끌어가려고 노력한다. 또한 의존이나 중독 상태에서 탈피한 후의 생활에 대해 희망을 품고 살아간다.

물론, 장래라든지 먼 앞날의 일이 아직은 절실하게 실감나지 않을 수도 있다. 아울러 자신이 하고 싶어 하는 일을 하는 데 길들여져 있지 않으므로, 마음이 편치 못해 안절부절못할지도 모른다.

하지만 그들은 앞에 있는 골인 지점을 향해 달려가려는 일념으로, 있는 힘을 다해 몰입하고 있다.

그러나 '다시 일어나는 것'이 그 무엇보다도 중요하다고 생각할지라도, 매일매일 일상생활 속에서 결정해야 하는 사소한 일 하나하나가 실상은 몹시도 힘겹다.

치즈케이크를 먹을까 말까, 어머니에게 전화를 걸면 기분이 좋아질까, 아니 도리어 나빠질지도 몰라. 심리 치료를 받을 돈이 있나…….

이러한 매일 매일의 스트레스나 유혹 그리고 많은 의문과 맞서게 될 때, '다시 일어나려고' 하는 사람들은 장기적인 안목으로 바라본 행복을 굳게 믿으며 눈앞의 찰나적인 쾌락을 단념하려는 노력을 필사적으로 하고 있는 것이다.

병적(病的)인 충동감에서 음식물에 손을 대는 사람이 "아니, 저 치즈 케이크는 안 먹을 테야."라고 말하는 것은 목표에 근접해 가기 위한 힘찬 첫걸음이 분명하다. '다시 일어나고 싶다.'고 바라는 것은 아직 머릿속에서 생각으로만 맴돌고 있는 상태에 불과하지만 구체적으로 결단을 내리는 일은 이미 목표를 향해 행동을 개시한 것과 다름없는 일이다.

어떤 일에 대해서 아직 결심이 서지 않았을 때 '어느 쪽을 선택하는 것이 자신을 좀 더 좋아지게 만드는 것일까?' 하고 스스로에게 물어보라. 장기적인 희망에 대해서도 이렇게 자신에게 질문을 해봄으로써 확실하게 결심을 할 수 있게 되는 것이다.

그러나 아직도 당신은 '진정으로 자신을 더욱 사랑할 수 있게 될지 어떨지를 어떻게 알 수 있을까?' 하고 고민할지 모른다.

하지만 더 이상 고민하지 말기 바란다. 듣겠다는 열망만 있으면, 마음 깊은 곳에서 속삭이는 음성을 누구든지 들을 수 있으니까 말이

지금 당신의 마음속에서 '너는
가치 있는 인간이야.' 하고 속삭여주며,
'다시 일어나라.'고 재촉하는 소리가 들리지
않는가? 그것은 희미하게 들릴 수도 있고,
우레와 같은 소리로 들릴 수도 있다.

다. 또한 그것은 무엇보다도 진실한 것이며, 누구도 아닌 본인을 위한 것이니까……

지금 당신의 마음속에서 '너는 가치 있는 인간이야.' 하고 속삭여주며, '다시 일어나라.'고 재촉하는 소리가 들리지 않는가?

그것은 희미하게 들릴 수도 있고, 우레와 같은 소리로 들릴 수도 있다. 또한 거기에 반론을 제기하며 '한 잔 정도는 상관없잖아. 난 그렇게 인내심이 강하지 못하니 이번에는 그냥 마시고 다음부터 하자구.' 하는 달콤한 음성이 은밀하게 들려올지도 모른다. 천사와 악마가 서로 다투면서 당신을 설득하고 있기 때문이다. 그럴 때 분명하게 올바른 선택을 해야 하는 것은 전적으로 당신 몫이다.

국무장관이었던 딘 아틴슨이 자주 언급했듯이 '어느 쪽을 택해야 좋을지 망설여질 때는 올바르게 여겨지는 쪽을 선택해야 한다.'는 것이 지당하다. 실로 간단명료한 원칙이다.

내면에서 들려오는 음성에 어떻게 응답하느냐에 따라, 그 후에 당신이 어떤 기분을 맛보게 되느냐가 결정지어진다. 그 음성에 귀를 기울이지 않는다면(혹은 '문제'에만 온통 마음을 쏟을 뿐, 그 음성이 들리지 않는다면) 그 후에는 반드시 더더욱 기분이 침체될 것이다.

반대로, 내적인 음성은 자신을 좋은 방향으로 이끌어줄 것이라 확신

하면서 거기에 순종한다면 반드시 즐거운 기분을 맛보게 될 것이다. 왜냐하면 당신은 자신이 진정으로 원하는 것을 하기 위해 이미 첫걸음을 내딛었기 때문이다. 즉 자신에게 있어서 가장 필요한 것을 최우선으로 여기기 시작했다는 뜻이다.

그것은 자기 자신과의 관계를 재인식하고 싶어 하는 것이며, 동시에 자신을 좋아하기 위해 노력하고 있는 것이기도 하다.

하지만 단기적인 목적이든 장기적인 목적이든, 그것을 달성하려면 본래의 참된 자신과 연결되어야 한다. 다시 말해서, 본래의 자신과 우정을 나누는 것이 무엇보다도 중요하다는 뜻이다.

옛날부터 사람들은 인간의 존재에 대해 고민하면서, 살아가는 의미가 무엇인지 알기 위해 애써왔다. 철학자나 신학자, 정치가, 예술가 등 온갖 부류의 사람들은 각기 그 나름대로의 의견을 가지고 있다. 이것은 시대를 초월하여 문제시해 왔던 사항이어서, 여기에 관한 이론(理論)은 수도 없이 많다.

만약 나에게도 의견을 묻는다면, "살아간다는 것의 의미는 '자신을 사랑하는 것'에 있다."고 말할 것이다. 이것 이상으로 중요한 인생의 목적은 없으니까 말이다. 단지 당신의 내적인 음성이 그것을 가르쳐주

> "삶의 의미는 '자신을 사랑하는 것'에 있다."
> 이것보다 중요한 인생의 목적은 없다는 게
> 내 의견이다. 당신의 내적인 음성이 그것을
> 가르쳐주려고 하지만, '문제'의 음성이 너무
> 큰 나머지 그 소리가 들리지 않을 뿐이다.

려고 하지만, '문제'의 음성이 너무 큰 나머지 그 소리가 들리지 않을 뿐이다.

물론 자신의 인생 목표가 굶주림으로 고통 받는 사람들을 구제하는 일이라고 말하는 사람도 있을 것이다. 혹은 좋은 친구를 갖는 것, 가족들을 부양하는 것, 좋은 직업을 갖는 것, 신(神)을 섬기는 것이라고 말하는 사람도 있고, 개중에는 실컷 인생을 즐기는 것이라든가 그저 기분 좋게 마음껏 살 수만 있으면 좋겠다는 사람도 분명 있으리라고 짐작된다.

하지만 잘 생각해 보라. 그것이 어떤 것이든 간에 자신이 원하는 것을 하기 위해서는 우선 자신을 먼저 사랑하고 좋아하며, 소중하게 여겨야 한다. 그러지 않으면 당신은 자신의 능력을 측량할 수 없고, 가능성을 인식할 수 없기 때문이다.

자신의 능력과 가능성을 확인한 다음 굶주리고 있는 사람들이나 가족, 친구, 직업, 예술 그리고 신을 위해서 몸과 마음을 다해 마음껏 자신을 바치면 어떨까 싶다. 물론 실컷 인생을 즐길 수도 있고, 기분 좋게 푹 잘 수도 있다.

목표를 정하는 것, 그리고 그것을 지향하여 나아가는 것, 이들은 자신을 좋아하게 만들기 위한 효과적인 수단이다. 목표를 정하게 되면 당신은 매일매일 경험하는 일에 대해서 하나하나 정중하게 다루어야 하며, 싫더라도 그것들에 대해 신중하게 맞서가야 하기 때문이다. 그 것은 자신과 착실하게 사귀는 일이며, 자신을 좋아하도록 만들기 위해 꼭 필요한 단계이다.

자신을 좋아하게 된다는 것은 '다시 일어나기' 위한 수단임과 동시에 그 성과이기도 하다. 자신을 좋아하게 됨으로써 매일 매일을 충실하게 보낼 수 있을 뿐 아니라, 그러한 마음이 목표를 향해 나아가는 데 있어서 강력한 아군이 되어주기 때문이다.

항상 자신을 좋아하도록 애써 보라. 그러는 사이에 그 일이 당연한 일로 여겨지게 될 것이고, 완전히 자신을 좋아하게 된다면 그것이야말 로 '최고!'인 셈이다.

그런데 자신이 하고 싶은 일을 최우선으로 한다고 하면 어쩐지 너무 자기중심적이 아닌가 하는 생각이 들지도 모른다. 자신을 좋아하도록 노력하는 일 자체가 어쩐지 이기적이라는 느낌이 들면서, 꿈을 가진다 는 것도 왠지 헛된 일처럼 느껴진다.

하지만 이 세상에서 무엇이 하고 싶든 무엇이 되고 싶든지 간에, 또한 인생의 목표가 무엇이든지 간에 자신을 좋아하는 것, 요컨대 '내적인 자신과 관련성을 갖는 것'이 그 모든 일의 열쇠가 되는 것만은

무엇이 하고 싶든 무엇이 되고 싶든지 간에,
또한 인생의 목표가 무엇이든지 간에
자신을 좋아하는 것, 요컨대 '내적인 자신과
관련성을 갖는 것'이 그 모든 일의
열쇠가 되는 것만은 분명한 일이다.

분명한 일이다.

나는 최근에 어린 시절 친구였던 존의 죽음을 알게 되었다. 에이즈가 원인이었다.

초등학교, 중학교 시절에 함께 어울렸던 그 당시의 존을 떠올려봤다. 그는 매력적이었으나 다소 경솔하고 재미있는 일을 즐기는 사내아이였다. 중학교를 졸업한 후 그가 어떻게 지내는지 몰랐는데 나중에 들어보니, 그는 어린 시절에 그랬던 것처럼 줄곧 노는 것을 좋아하면서 술이나 마약에 젖어 형편없는 생활을 해왔다고 한다.

20대 후반에는 자신이 게이라는 것을 공공연하게 밝히고는 게이바에 드나들면서 많은 남성과 교제를 가져왔으며, 부모가 그의 그러한 생활을 나무라면 잔소리 좀 그만하라며 화를 내기 일쑤였다고 한다. 삶의 의미나 목적 따위가 없었던 그는 이 동네에서 저 동네로 정처 없이 떠돌아다니면서, 아무 일이나 하면서 되는 대로 살았던 모양이다.

에이즈 바이러스에 감염된 사실을 알게 된 초기 무렵에는 술과 마약에 빠져 지냈고, 고통 없이 죽음이 곧 찾아주기를 바랬으나 1년 이상이나 에이즈의 징후는 나타나지 않았다.

에이즈에 감염되었다 하더라도 금방 죽는 것이 아니라는 것을 알았을 때 그에게는 변화가 일어났다. 지금까지처럼 자신의 몸에 독소를 밀어 넣거나 인생을 부정하기만 하던 태도가 일변했다. 좀 더 건강한 삶을 살아가도록 노력하기 시작한 것이다.

그리고 이윽고 오랫동안 계속 은폐시켜 오던 '내면의 자신'과 재회하게 되었다. 존이 나에게 전화를 걸어온 것이 바로 그런 시기였다. 그는 옛 친구들과 인연을 다시 맺고, 가족과도 응어리를 풀어내는 등으로 본래의 자신을 되찾기 위해 노력하고 있는 것 같았다.

죽기 2개월 전의 일로서, 그가 폐렴에 걸려 입원해 있을 때 나에게 편지를 보냈다. 거기에는 다음과 같이 쓰여 있었다.

"나는 에이즈에 걸린 사실이 참으로 다행이라는 생각마저 들곤 한다. 그렇지 않았더라면 나는 자신이 누구인지조차 모른 채 계속 그렇게 살았을 거야. 오랜 세월을 내 자신에게서 유리되어 살아왔기 때문에, 또 다른 삶의 방법이 있다는 것도 몰랐거든.

나는 그동안 주변 사람들과 의미 있는 관계를 갖지 못하고 아무 생각 없이 되는대로 살아왔다. 하지만 지금은 가족과 친구들의 사랑이 정말로 고맙다.

에이즈에 걸린 덕분에 삶의 의미가 무엇인지도 깨달았고, 사랑하고

> 당신의 마음속에 있는 '사랑의 원천'을
> 한시라도 빨리 발견하기를 바란다. 그러기
> 위해서 내적인 음성에 귀 기울이고, 그것을
> 소중히 여기길 바란다. 그 음성에 순종하여,
> '다시 일어나겠다.'고 결심하기를 바란다.

사랑받는 일이 무엇인지도 알게 되었다. 이 세상에서, 혹은 저 세상으로 가더라도 나에게 더 이상 슬픔이란 없다."

당신의 마음속에 있으면서 항상 최선을 바라고 있는 '사랑의 원천'을 한시라도 빨리 발견하기를 바란다. 그러기 위해서 내적인 음성에 귀를 기울이고, 그것을 소중히 여기길 바란다. 그리고 그 음성에 순종하여, '다시 일어나겠다.'고 결심하기를 바란다.

목표를 정한다

    다음 질문에 대한 당신의 답변이 지금 현재의 당신 심정을 나타내고 있다. 내일 또는 다음 주에는 마음이 바뀌어 다른 답변을 하게 될지도 모른다.

    그러므로 오늘 날짜를 적어 놓고, 나중에 다시 읽어보도록 한다. '다시 일어나는' 과정에서, 또는 당신의 삶 속에서 지속적으로 시도해 보면 좋을 것이라고 생각한다.

1. 당신은 인생에서 무엇을 원하고 있는가?

_____

_____

_____

_____

2. 당신 인생의 최대의 목표는 무엇인가?

_____

_____

_____

3. 인생 최대의 목표를 향해 나아가기 위해서, 지금 당장 필요한 '장기
   적인 목표'는 무엇인가?

   ....

   ....

   ....

4. 장기적인 목표를 이루기 위해서, 지금 당장 필요한 '단기적인 목표'
   는 무엇인가?

   ....

   ....

   ....

   ....

5. 지금 시작하려고 하는 것은 무엇인가?

   ....

   ....

   ....

   ....

6. 그것들의 목적이나 목표를 달성하는 데 있어서 '자신을 좋아하게
   되는 일'이 어떻게 도움이 되리라고 생각하는가?

7. 당신 인생의 목표를 달성하는 데 있어서, 자신을 사랑하고 믿지
   못할 경우 어떤 장애가 따르리라 생각하는가?

공백을 무엇으로
메울 것인가

'**문**제'가 완전히 없어져 버린 자신을 상상할 수 있겠는가? 만약 오늘 아주 깨끗하게 '문제'와 손을 끊었다고 한다면, 과연 당신은 어떻게 변화할 것인가?

내가 폭식증에 걸려 헤어 나오지 못하고 있을 무렵, 그것 없는 생활은 얼마나 공허할까 하는 생각으로 두려워했던 것을 기억한다. 먹거나 토하거나 하지 않을 때조차도 내 머릿속에는 음식물에 대한 생각으로만 가득 차 있었다. 꿈까지도 먹는 것에 대한 것을 꿀 정도였다.

항상 망상에 사로잡혀 있었으므로 음식물을 탐닉하지 않은 상태에서 하루를 보내는 것은 상상도 할 수 없었다. '먹는 것을 내 생활에서 제거해 버린다면 무엇이 남는다는 말인가? 그 대신에 무얼 하면 좋을까?' 생각만 해도 마음이 불안해졌다.

'문제'를 제거한다면, 거기에서 비롯된 '공백'을 무엇인가로 채워야 한다. 그것 이외의 방법은 없다.

매일 똑같은 레스토랑에서 세 끼의 식사를 하고 있었는데, 어느 날 그 레스토랑이 불타 버렸다고 하여 식사를 중지해야 할까? 아니면 불탄 자리에 서서 식사가 나오기를 기다려야 할까? 두 가지 다 말도 되지 않는 소리다.

만약 당신이 의존증 중독, 망상, 그때그때 스트레스를 풀기 위한

인간은 나약하다. 건강하지 못한 사고방식이나
나쁜 습관의 수정은 조금씩밖에 진전되지
않는다. 그런 만큼 자신에 대해 너그러워져야
한다. 하루아침에 변하지 않는다고 해서
자신이 실패했다고 여기지 말아야 한다.

임시방편적인 수단, 부정적인 언동, 자학적인 태도 따위를 불태워 버
렸다면, 이번에는 다른 것에 의존하고 싶은 마음이 생긴다. 따라서
바람직한 방향으로 이것저것을 시도해 본 다음, 무엇이 자신에게 적합
한지를 알아보기 바란다.

어떤 것은 도움이 되지 않을 수도 있다. 또 어떤 것은 일시적으로
잘 되어가는 듯이 보였다가, 어느 시점이 지나면 뜻대로 되어주지
않을 수도 있다. 그러나 포기하지 말고 자신에게 적합한 것을 찾도록
노력해 보라.

어떤 나쁜 습관을 완전히 끊었다 할지라도 또 다른 나쁜 습관에
물들어 버리는 예는 흔할 뿐 아니라, 바람직하지 않은 습관에 익숙해
져 있는 사람이 그와 흡사한 다른 나쁜 습관에 빠져 버리는 것은 어찌
보면 당연한 일일지도 모른다. 그래서인지 알코올 중독증 치료를 받고
있는 사람들의 모임에 가보면 담배 연기가 자욱하거나 커피를 홀짝거
리는 광경을 흔하게 볼 수 있는 것이다.

'그러면 안 된다.'고 말하려는 것이 아니다. 알코올 중독증에서 벗어
나려는 사람이 니코틴이나 카페인에 의존하는 것은 알코올에 의존하
는 것에 비한다면 상당한 진전을 보이고 있는 것이라고 할 수 있다.
좀 더 완전하게 나아가려고 노력함에 따라서 얼마 지나지 않아 니코틴

이나 카페인도 필요 없게 되리라고 생각한다.

실제로 '문제'라고 할 것까지는 아닐지라도, 대다수의 사람들은 어떤 종류의 의존증이나 강박관념을 지니고 있다. 좋든지 나쁘든지 간에 이것이 우리 인간의 모습인 것이다.

인간은 나약하다. 단번에 변하는 것이 힘들다면, 조금씩이라도 건전한 방향으로 나아가보면 어떨까? 건강하지 못한 사고방식이나 나쁜 습관을 수정하는 데는 시간이 걸린다. 그것은 조금씩밖에 진전되지 않는다. 그런 만큼 자신에 대해 부디 너그러워질 것을 당부한다. 아울러 모든 것이 하루아침에 변하지 않는다고 해서 자신이 실패했다고 여기지 말기 바란다.

단순히 어떤 나쁜 습관을 끊는 일은, 지금 당장 가능할지도 모른다. 하지만 어색해져 버린 자기 자신이나 타인과의 관계를 바로 회복하는 것은 쉽지 않다. 또한 상처 입은 감정도 금방 치유되지는 않는다. 개중에는 전혀 변하지 않는 것도 있기 때문이다. 그것은 그 사람이 본래부터 가진 천성, 환경이나 처지, 지나간 과거 등이다.

지금 당신이 할 수 있는 일은 자신을 가능한 범위 내에서 좋게 여김으로써, 현재 느끼고 있는 언짢은 감정을 좋은 방향으로 시시각각 바꿔가는 일이다.

예전부터 있었던 것을 없애야만 비로소
새로운 것을 받아들일 공간이 마련된다.
'문제'와 이별을 고한 것을 확실하게
자각하기 위해서 당신 나름대로의
'의식'을 만들어보는 것도 중요한 일이다.

이울러 자신을 바꾸겠다고 결심했다면, 그만두려고 하는 일과 확실하게 '안녕'을 고해야 한다. 하지만 끊겠다고 하는 '문제'가 없어지는 것을 상상만 해도 왠지 아쉽고 슬퍼질지도 모른다. 상실감, 즉 무엇인가를 잃어버렸다고 하는 적막감이 몰려드는데, 그것은 당연한 일이다. 그러므로 이에 대한 임시방편의 해결책으로서 운다거나, 화를 내거나, 과거를 그리워하기도 하며 당신이 하고 싶은 대로 해보기를 권한다.

옛날이 차라리 좋았다고 생각하는 일도 반드시 있을 것이다. 하지만 그것을 없애야만 비로소 새로운 것을 받아들일 공간이 마련되게 된다. 따라서 '문제'와 이별을 고한 것을 확실하게 자각하기 위해서 당신 나름대로의 '의식'을 만들어보는 것이 필요하다.

각 나라나 문화에 따라 몸과 마음을 정결하게 하기 위해서, 혹은 건강이나 행복, 평안을 기원하기 위한 다양한 의식이 있다.

예를 들자면, 체로키 인디언들은 어떤 특정한 사물을 지정하여 그것이 자신들에게 재앙을 야기하는 '문제'로 간주하고 그것을 강물에 흘려보내는 의식을 행한다(이때 제사장이 하류로 흘러온 그 물건을 집어 들어 매장시켜 버린다). 그럼으로써 '문제'와 그것에 대한 집착이 흘러가 버렸다고 믿는 것이다.

또한 인도에서는 '루드라 야이나'라고 하는 불에 의한 청결의식을 거행한다. 이 불에서 피어오르는 연기에는 허브가 첨가되어 있어 강한 자극성 향기가 나는데, 그 냄새를 맡으면 모든 사물이 정결해진다고 믿는다. 그리고 사람들은 그 불을 보면서 자신의 '더러움'이 타들어가는 광경을 상상한다. 이들의 의식은 실제로는 훨씬 더 복잡하지만, 그들이 원하는 것이 무엇인지는 이해되었을 것이다.

당신도 이와 흡사한 흉내를 내보면 어떨까?

물을 이용해 본다고 가정하자. 차가운 물을 머리에서부터 뒤집어쓰면 매우 시원하면서 깨끗하게 씻겨졌다고 느낄 것이다. 비가 그친 후에 기분이 상쾌해지는 것과 마찬가지이다. 따라서 이와 같이 찬물로 온몸을 씻는다든지, 어떠한 형태로든 물에 의한 의식을 이용해 보는 것도 괜찮은 방법이 될 것이라고 생각한다.

불에 의한 의식도 해볼 만하다. 먼저 선향(線香)이나 나뭇잎 따위를 타오르는 불에 던진다. 그리고서 자신의 '문제'나 '꺼림칙한 일' 등을 자신의 소원과 함께 적은 다음 그 종이를 불에 던져 넣으면 된다.

이런 번거로운 의식 같은 것이 싫다면 목욕탕이나 사우나를 이용하거나, 단순히 해가 뜨는 광경(혹은 석양)을 바라보는 것만으로도 충분하다. 그것을 자신의 의식으로 여기면 되는 것이다.

> 지금까지 당신의 인생에서 중요한 위치를
> 차지하고 있었던 것을 끊어 버리겠다고
> 결심하면, 거기에 '공백'이 생긴다.
> 그리고 얼마 후에 뭔가 다른 것을
> 하기 위한 시간과 에너지가 생겨난다.

중요한 것은 이런 의식을 과장스럽게 하는 것이 아니라, 변화하기를 바라는 심정과 진정으로 끊겠다고 하는 결의를 어떻게 확실하게 담아서 연결시키느냐이다.

이것은 '다시 일어나는 일'과 자신을 좋아하게 만드는 데 있어서, 방해가 되는 요인들을 어떻게든 없애고 싶어 하는 의지의 표현이자 하나의 수단이기 때문이다.

지금까지 당신의 인생에서 중요한 위치를 차지하고 있었던 것을 끊어 버리겠다고 결심하면, 거기에 '공백'이 생긴다. 그리고 얼마 후에 뭔가 다른 것을 하기 위한 시간과 에너지가 생겨난다.

그 공백을 어떻게 메우는가는 당신 하기에 달려 있으며, 감정 역시도 뭔가 다른 것으로 채워줄 필요가 있다. 하지만 어떤 것을 시도해봐도 지금까지와 다른 경험인 까닭에 만족이나 안도감을 바로 얻을 수 없을지도 모른다.

예를 들어, 산책을 한다거나 음악을 듣는다거나 정원을 가꾸는 일은 지금까지 해왔던 폭식이나 술이나 마약에 빠지는 일과는 다르다. 또한 노여움 대신에 용서나 관용을, 무기력감을 자신감으로, 혼란을 질서 정연함으로, 그리고 자기혐오를 자기를 사랑하는 마음으로 바꾸어가는 것도 생각처럼 쉽지 않다. 그러나 눈에 보이는 성과가 없다고 해서 너무 실망하지 말라. 아무튼 간에 당신은 지금 전혀 새로운 인생을 구축하기 위해 애쓰는 중이니까.

그렇다면 무엇을 어떻게 하면 좋을까? 지금의 시점에서는 확실히 몰라도 괜찮다. 새롭게 시작한 일의 하나하나가 그때까지의 낡고 진부한 나쁜 습관을 단절하는 데 도움이 되고, 동시에 단절로 인해 생겨난 '공백'을 메워줄 테니까 말이다.

당신을 사로잡고 있는 강박관념을 조금이라도 잊게 해주는 것이 있다면, 그것이 무엇이든 시도해 보라. 또한 언제나 '다시 일어나겠다.'는 생각에만 필사적으로 얽매여 있지 말고, 때로는 마음을 느긋하게 가져보라. 아울러 자기분석도 중요하지만, 텔레비전을 보거나 음악을 들으면서 머리를 식히는 것이 더 중요하다는 사실을 기억하길 바란다.

특히 유의해야 할 사항은, 특별한 조치를 취하지 않는다 할지라도 어떠한 방법으로든 자신을 소중하게 다루는 시간을 다소나마 길게 늘려가는 것이다. 그것이 가장 중요하다.

자기 점검

내가 좋아하는 것을 찾아본다

'문제'와 손을 끊는다면 무슨 일을 할 것인가?

이 단계에서는 당신이 적극적으로 활동할 수 있도록 도와주려고 한다. 지금까지 너무 오랫동안 '문제'만을 생각해 왔으므로, 느닷없이 좋아하는 것을 몇 가지 제시해 보라고 하면 당황하게 될지도 모른다.

하지만 당신이 '문제'를 안고 고민하기 전에, 어떤 일을 즐겨했는지 생각해 보기 바란다. 어린 시절에는 무엇을 좋아했는지 등……

1. 일상생활에서 느끼는 가벼운 즐거움(혹은 그것을 하면 즐거워지리라고 여겨지는 일)을 적어도 10가지 항목으로 나열해 적어보라.
   '가벼운 즐거움'이란 오락이나 취미로 하는 것이므로 가사나 식료품 구입, 은행에 가는 일 등과 같이 '반드시 해야만 하는 일'은 포함시키지 않는다.

① _____

② _____

③ _____

④ _____

⑤ _____

⑥ _____

⑦ ....

⑧ ....

⑨ ....

⑩ ....

2. 그 가벼운 즐거움 중에서 적어도 두 가지는 실행해 보도록 하라.
   하루에 최소 두 가지를 실행하지 않는다면, 즐거움은 반감될 것이
   다. 덧붙여서 내가 즐기는 가벼운 오락이나 취미를 나열해 보았다.

정원손질하기	개를 데리고 산책하기
리(남편)와 로맨틱하게 지내기	아이에게 책 읽어주기
친구나 가족과 이야기 나누기	인형 만들기
샤워하기	피아노 치기
명상하기	수영
집안 정리	편지 쓰기
커피 마시며 조용히 음악 듣기	요가

실수를
두려워하지
말라

실수를 해서는 안 된다고 생각하지만, 실수는 누구나 범하기 마련이다. 실수는 그 자체가 '나쁜 것'이 아니다. 대처하는 태도가 좋지 않을 때 나빠지게 되는 것이다.

자신을 좋아하는 사람은 항상 최선을 다하려고 노력한다. 그러므로 실수를 해도 그것을 고치려고 노력할 뿐, 거기에 빠져 침체되지는 않는다. 도리어 거기서 무엇인가를 배우려고 한다.

그러나 자신을 비하시키는 것이 습관이 된 사람은 실수에서 좀처럼 헤어나지 못하고, 또다시 실수를 범하면 어쩌나 하는 공포감으로 위축되어 버리는 경우가 적지 않다.

실수란 어떤 것일까? 끝까지 파고들어가 보면, 그것은 자신이 한 행동을 뒤돌아보고 나중에 붙이는 이름표에 불과하다. 어떤 결단을 내리거나 행동을 시도할 때는 실수했다는 생각이 들지 않는다. 그때는 스스로 최선을 다하고 있다고 생각하기 때문이다. 그러나 나중에 그 결과를 보면서 '저렇게 하면 좋았을걸.' '이렇게 했더라면…….' '역시 저런 식으로 했어야 했어.'라고 생각하며 후회한다면, 그것이 다름 아닌 실수가 되고 마는 것이다.

물론 '실수' 중에는 길을 잘못 들어섰다거나 접시를 깨뜨렸다거나 하는 등으로 사소한 것이 적지 않다. 하지만 그렇지 않은 수많은 실수

따지고 보면 실수란, 자신이 한 행동을
뒤돌아보고 나중에 붙이는 이름표에 불과하다.
어떤 결단을 내리거나 행동을 시도할 때는
실수했다는 생각이 들지 않는다. 그때는 스스로
최선을 다하고 있다고 생각하기 때문이다.

들도 많다. 하지만 그것들 역시도 충분한 예비지식이 없었으므로 잘못
된 판단을 한 것에 불과한 것이 아닐까 싶다.

그렇다면 어째서 실수를 하게 되면 기분이 불쾌해지는 것일까? 그
것은 무엇인가를 할 때 마음속에서 '또 엉뚱한 짓을 하는 건 아닐까?
이젠 모든 것이 틀렸어. 이 무슨 멍청한 짓이람. 어째서 난 언제나
이 모양일까?' 하는 식으로 자신을 비난하고 있기 때문이 아닐까?

또한 실수를 했을 때 이렇듯 자신을 형편없는 인간으로 몰아붙이고
마는 이유는 무엇일까? 그 이유는 자신이 취하는 행동 모두가 자신의
내면이 표출된 것이라고 여기고 있기 때문일 것이다. 어린 시절에도
그렇게 배워왔고, 어른이 되어서도 '잘못된 일을 하는 것은 사람 자체
가 나쁘기 때문이다.'는 식의 그릇된 관념을 머릿속에 심어왔을 테니
말이다.

그리하여 '바람직한 일을 하는 사람은 좋은 사람, 학교 성적이 좋으
면 착한 아이, 성적이 좋지 않으면 나쁜 아이, 방을 깨끗하게 정돈해
두면 좋은 사람, 돼지우리처럼 해놓으면 형편없는 사람, 날씬한 것이
뚱뚱한 것보다 좋은 현상이다.'라는 식으로 사람을 판단하려 들고,
직업이나 외모, 차림새, 결혼 상대가 누구인지 등에 의해 그 사람의
가치를 평가하려고 들기도 하는 것이다.

더욱 문제인 것은, 누군가가 나름대로 최선을 다하고 있어도 그것을 좀처럼 인정하려 들지 않는 경우다. 당신의 주변에도 친구든, 가족이든, 동료이든, 정부이든, 응원하고 있는 스포츠 팀이든, 그리고 당연히 자신에 대해서도 가차 없는 비판을 가하는 사람이 있을 것이다.

그런 사람은 타인에게 했던 어떠한 형태의 비판이나 비교, 비난 등이 언젠가 자신에게 똑같이 돌아오게 된다는 사실을 인식하지 못하고, 다른 사람을 가차 없이 깎아내린다. 다른 사람이 저지른 실수를 너그러운 마음으로 대할 때, 자신의 실수도 너그럽게 이해받을 수 있을 텐데 말이다.

특히 우리가 잊지 말아야 할 것은 인간의 가치는 모두가 똑같다는 것이다. 어떤 의견을 가지고 있든, 외모가 어떠하든, 어디에 살고 있든, 무엇을 소유하고 있든 간에 모든 사람은 다 소중한 존재다.

인간의 가치는 결코 어떤 상표를 붙이느냐에 따라 달라지는 것이 아니다. 실패를 하든, 성공을 하든, 그가 영웅이든, 부랑자이든 그 행위나 지위에 따라 인간의 가치를 측량할 수 있는 것이 아니다. '무엇을 하는가?'에 따라 사람을 평가할 수는 없는 것이다.

게다가 '사람은 이렇게 살아야 한다.'는 식의 정답도 없다. 인간이 설명서가 붙여져 태어나는 것도 아니며, 이대로만 한다면 완벽한 결과

자신을 존중하는 일과 실수를 범하지 않는
것과는 무관하다. 자신을 존중하는 마음은
실수 여부와 상관없이 인간이란 존재로
태어날 때부터 갖고 있는 것이며, 자신을
무조건적으로 받아들이는 것을 뜻한다.

를 얻을 수 있다는 식의 매뉴얼이 있는 것도 아니다. 사람은 누구나 가치를 측량할 수 없을 만큼 사랑스런 존재이다. 한 사람 한 사람이 육체적·감정적으로, 그리고 정신적으로 최선을 다해 살아야 하는 존재로서 이 세상에 태어났기 때문이다.

'자신을 좋아하게 된다는 것'은 다시 말해서 '내적인 자신과 결부된다.'는 것을 의미한다. 자신을 실패했다고 규정짓거나 실패한 사실만 들먹이며 잘못된 인간이라고 비난한다면, 그것은 내적인 자신과 밀접하게 관계 맺는 것을 방해하는 일과 다름없다.

머슈 머케이와 패트릭 파닝은 ≪너 자신을 존중하라≫라는 저서에서 다음과 같이 언급하고 있다.

"자신을 존중하는 일과 실수를 범하지 않는 것과는 아무 관계가 없다. 자신을 존중하는 마음은 실수를 범하든 범하지 않든 인간이란 존재로 태어날 때부터 갖고 있는 것이며, 이러한 마음은 자신을 무조건적으로 받아들일 때 비로소 존재감을 드러낸다. 따라서 모든 실수를 올바르게 바로잡은 후에 자신을 좋아하는 것이 아니라, 실수로 가득 찬 지금 현재의 자신을 좋아해야 하는 것이다."

그런데 '문제'가 있는 사람들은 돌이킬 수 없는 잘못을 범했다는 생각에 사로잡혀, 헤어나기 어려운 우울감에 잠기는 경우가 많다. 자신이 저지른 일, 예를 들자면 마약이나 편협한 관념, 나쁜 습관 등에 물들어 버린 행위로 인해 인간으로서의 가치를 상실했다고 생각하기 때문이다. 하지만 단지 그런 행위를 했다고 하여 형편없는 인간, 실패자, 어리석은 자, 비겁한 자라는 딱지를 붙이려 드는 사고방식은 '다시 일어나는 일'을 지연시킬 뿐이다.

자기비판은 설령 그것이 옳은 것이라 해도, 자기 자신에게 아무런 도움도 주지 못한다.

영국 소설가 헉슬리(Huxley, Aldous Leonard)는 ≪멋있는 신세계≫라는 책에서 '좋지 못한 행위를 저질렀다면, 가능한 빨리 회개하면서 다음번부터 좀 더 나은 행동을 하겠다고 다짐해야 한다. 이유가 무엇이든 간에 실패 자체에 빠져 애통해하고만 있어서는 안 된다. 거름더미에서 뒹구는 일이 깨끗해지기 위한 최선의 방법이 아니니까.' 라고 충고하고 있다.

아무튼 '다시 일어나겠다.'고 결심하는 것은 용감한 행위이다. 그것은 사람이란 존재는 누구나 실수를 할 수 있고, 자신조차도 그것을 피할 수 없다는 것을 인정하는 일이기 때문이다. 또한 그것은 실수를 범한 자신을 용납하는 일임과 동시에, 혹여 앞으로 실수하는 일이 있더라도 기가 꺾이거나 주눅 들지 않고 새롭게 일을 시도해 나가겠다

좋지 못한 행위는 가능한 빨리 회개하면서
다음번부터 좀 더 나은 행동을 하겠다고
다짐해야 한다. 실패 자체에 빠져 애통해하고만
있어서는 안 된다. 거름더미에서 뒹구는 일이
깨끗해지기 위한 최선의 방법은 아니니까.

는 의지의 표현이라 할 수 있는 것이다.

만약 당신이 지금까지의 인생을 완전히 실수투성이였다고 생각하고 있다면, 자신이 가치 있는 존재라고 믿는 일이야말로 머리끝에서부터 발끝까지 다시 태어나는 것과 다름없다.

아무튼 지금까지의 사고방식을 바꾸는 일은 몹시 힘든 작업으로, 용기와 인내를 필요로 한다. 하지만 당신 자신이 가치 있는 존재라는 것은 확고부동한 사실이다. 하지만 그것을 믿느냐 믿지 않느냐는 전적으로 당신 자신에게 달려 있다. 당신의 인생에 당신 자신을 캐스팅하느냐 하지 않느냐는 당신 자신에게 달려 있다는 말이다.

실수에 대한 견해를 바꾸게 되면 마음가짐 또한 달라진다. '자신의 실수는 자신을 좀 더 잘 알기 위한 좋은 기회였다.' 혹은 '외향으로는 고난처럼 보여도 실은 하늘의 도움이었다.'라고 생각해 보라.

그렇게 하면 그 실수에 의해 무엇인가를 배웠음을 느끼거나, 혹은 그것이 경고라는 사실을 인식하게 될 것이다. 또한 그때 왜 그런 선택을 했는가를 반성하게 될 것이며, 다음에는 좀 더 다른 선택을 할 수 있게 된 자신을 발견하게 될 것이다.

'다시 일어나려고' 애쓰는 중에 좌절한 경우도 마찬가지이다. 당신은 아마도 '아, 난 실패했어. 이젠 모든 것이 틀렸어.'라고 낙심할지도 모른다. 그러나 반대로 어째서 그런 잘못된 판단을 했는가를 곰곰이 생각하고, 거기서 무엇인가를 배우게 될지도 모른다. 혹은 앞으로 닥치게 될지도 모를 시련을 미연에 방지해 주는 역할을 할지도 모른다. 이처럼 '실수'에도 그 나름대로의 의미가 있는 것이다.

실수를 위로하는 심정으로 노력하다보면, 자기 자신을 지금보다 훨씬 좋아하게 될 것이다. 그리고 차츰 자신이 좋아짐에 따라 자신을 위로해 주고 싶은 생각을 품게 될 것이다.

다시 한번 말하자면, 자신을 좋아하게 되는 일은 수단임과 동시에 목표이기도 하다. 하지만 자신을 좋아하게 되었다고 해서 더 이상의 실수를 하지 않는다는 말은 아니다. 실수는 누구든지, 언제든지 할 수 있는 것이기 때문이다. 중요한 것은 실수를 했다 해도, 그것으로 인해 앞으로 나가는 일을 중단하지 않도록 스스로를 경계해야 한다는 점이다.

우리는 매사에 모든 것을 다 꿰뚫어볼 수는 없다. 따라서 실수도 있겠지만, 결과적으로는 도리어 그 편이 좋았다고 여기게 되는 일도 있을 것이다. 그 옛날 콜럼버스가 인도를 목표로 항해를 했으나, 그가 발견한 것은 아메리카 대륙이었던 것처럼…….

자기 점검

'실수'에 대해 다시 한번 생각해 본다

다음 질문에 답변을 써 넣어보라.

1. 최근에 저지른, 가장 대표적인 실수를 하나 적어보라.

---

2. 그때 자신에 대해 어떤 생각을 했는가?

---

3. 실수를 한 후 당신이 바로 한 일은 무엇이었나? 그리고 그 뒤에는
   어떻게 되었는가?

---

4. 그것을 왜 실수라고 생각했는가?

_____

_____

_____

5. 그 실수를 통해 무엇을 배웠는가?

_____

_____

_____

6. 다음 문장의 공백을 자신의 말로 채우고, 당신에게 가치가 있음을
   확인해 보기 바란다. 앞의 공백에는 자신이 저질렀다고 생각하는
   실수의 내용을, 뒤의 공백에는 자신에게 용기를 북돋워주는 다짐
   을 써라.

   '나는 분명히 (   )을 저질렀다.
   하지만 나는 (   )하다.'

컨트롤하기
보다는
받아들여라

우리는 흔히 무엇인가를 컨트롤하는 것을 훌륭한 일이라고 여긴다. 무슨 일이든 자기 의사로 컨트롤하여 이루어내는 것이 힘과 성공과 인격의 표출이라고 간주하기 때문이다.

그래서인지 일반적으로 자신을 컨트롤하지 못하는 사람 — 예를 들어 정신에 장애가 있는 사람이나 상습적인 마약 중독자, 매춘부, 범죄를 저지른 적이 있는 사람, 그 밖의 사람들을 '자신과는 다른 종류의 인간'으로 간주하고 두려워한다. 그들이 설령 가족이나 친구라 하더라도 폭식증, 알코올 중독증, 도박광, 병적 거짓말쟁이라는 '문제'를 안고 있다고 한다면, 그들에게 가까이 다가서는 것을 꺼린다.

왜냐하면 그들은 뭔가 이해할 수 없는 것에 사로잡혀 자신을 컨트롤하지 못하는 사람으로 보이기 때문이다. 좀 더 정확히 말한다면, 우리 마음속에도 감춰져 있을지 모를 어두운 부분 — 나쁘다는 것을 알고 있으면서도 자꾸 행하게 되는 나약함, 무책임하게 도피하고 싶어 하는 마음 — 을 정면에서 보고 싶지 않기 때문일 것이다.

뿐만 아니라, 우리는 자신이 안고 있는 '문제'나 자신의 나쁜 이미지를 실제보다 훨씬 크게 생각하는 경향이 있다. 그래서 정신을 차려 이를 자제(컨트롤)하지 못하면 인생을 망칠지도 모른다는 두려움에 자신도 모르게 휩싸이곤 한다.

실제로 우리가 자신이 누구인지를 확실히
알게 되면, 자신을 소중하게 여기는 것은
물론이고, '자신과는 다른 종류의 인간'에 대한
편견도 버릴 수 있게 된다. 그들 마음속의
'애정의 원천'을 발견하게 되는 것이다.

하지만 이와 같은 두려움은 자신이 얼마나 소중한 존재인지, 자신이
얼마나 괜찮은 사람인지, 자신이 무엇을 잘하는지를 모르는 데서 비롯
된다. 자신이 어떤 존재인지 알지 못하기 때문에 자신을 믿지 못하는
것은 물론이고, 자신을 소중하게 여기지 않는 것이다.

실제로 우리가 자신이 누구인지를 확실히 알게 되면, 자신을 소중하
게 여기는 것은 물론이고 '자신과는 다른 종류의 인간'에 대한 편견도
버릴 수 있게 된다. 이해하면서 그들을 바라보면, 그 사람들도 우리와
마찬가지로 인간으로서의 가치를 지니고 있고 마음속에 '애정의 원천'
을 가지고 있음을 발견할 수 있을 테니 말이다. 또한 유전이나 성장
환경, 문화적 영향 등에 의해 '문제'를 갖게 되었을 뿐, 결코 자기 자신
을 컨트롤하지 못했기 때문에 '자신과는 다른 종류의 인간'이 된 것이
아님을 알게 될 것이다.

자신을 컨트롤함으로써 자신의 삶을 성공적으로 이끌 수 있다고
믿는다면, 자칫 그것이 그 사람의 삶의 자세로 굳어 버려 위험에 처할
수 있다. 자기 자신까지를 포함하여 모든 것이 '이렇게 되어야 한다.'라
고 생각하고서 그것을 컨트롤하는 일에만 시간과 에너지를 쏟아 부어
도, 그것이 자기 생각대로 되지 않는 경우는 얼마든지 있으니 말이다.

누구든지 자신이 한 일의 결과가 기대한 대로 되었는지 안 되었는지

에 따라 기분이 좋아지기도 하고 가라앉기도 한다. 하지만 삶에는 계획대로 되지 않는 일이 항상 있게 마련이다. 아니, 오히려 우리의 기대에 어긋나는 일이 더 많이 일어나는 것이 현실이다.

열 마리의 오리를 한 줄로 나란히 세워놓으려고 해도, 반드시 한두 마리는 그 대열에서 빠져나가기 마련이다. 이와 마찬가지로 예측할 수 없는 일이 더 많이 일어나는 것이 우리 인생인데, 그러한 변수를 고려하지 않고 자신의 생각대로 컨트롤할 수 있다고 생각한다면 그 자체가 어리석은 일이 아니고 무엇이겠는가.

하지만 우리는 우매하게도, 눈앞에 거추장스럽게 놓여 있는 '문제' 만 없어진다면 행복이나 성공을 손에 넣을 수 있다고 굳게 믿기 때문에 자신을 컨트롤하려는 일에 더욱 집착하게 된다.

'이것'(알코올 중독증, 비만, 꺼림칙한 일)만 해결되면 그 후에는 모든 것이 잘 되어갈 것이라고 믿는 사람의 경우에는, 자신을 컨트롤하는 일이 무엇보다 중요하게 느껴져서 그 일에 더욱 매달릴 것이다. 하지만 그것은 도리어 '문제'라고 하는 불에 기름을 끼얹은 것과 다름없는 결과를 초래할 수도 있다.

알코올 중독증만 고치면 자신이 성공적인 삶을 살 수 있을 것이라 믿고 거기에서 벗어나기 위해 필사적으로 애를 썼다면, 그것이야말로

진정한 재기란, 자기 자신과 솔직하면서도
따뜻한 교류를 갖는 과정을 통해 스스로를
좋아하게 됨으로써 가능해지는 것이다.
하나의 망상을 다른 망상과 교체하는 것은
절대 진정한 재기라고 일컬을 수 없다.

자신을 컨트롤하려는 강한 의지의 표현일 것이다. 하지만 이런 행동은
얼핏 생각하면 훌륭한 일처럼 여겨지지만, 진정한 의미에서의 재기는
아니다. 왜냐하면 행위 자체가 자기 자신을 지배의 대상으로 비하시킨
데서 비롯되었기 때문이다.

이렇게 스스로를 비하시키면서 자신을 컨트롤할 경우, 나쁜 습관은
고칠 수 있을지 모르지만 결과적으로는 자기 자신을 보다 강한 강박관
념으로 몰아갈 위험을 안게 될 수도 있으므로 주의해야 한다.

진정한 재기란, 자기 자신과 솔직하면서도 따뜻한 교류를 갖는 과정
을 통해 스스로를 좋아하게 됨으로써 가능해지는 것이기 때문이다.
하나의 망상을 다른 망상과 교체하는 것이 아니라는 말이다.

당신은 지금 자신이 처박혀 있는 감옥을 다른 감옥과 바꾸는 것과,
그곳에서 벗어나 자유롭게 되는 것 중에서 어느 쪽을 택하고 싶은가?

하지만 아무리 발버둥쳐보아도 우리를 자유롭지 못하게 만드는 것
들은 실로 많다. 게다가 주변 사람들, 과거의 경험, 불가항력적인 사
건, 자연 환경, 연령, 성별 등은 그 누구도 컨트롤할 수 없다.

일그러진 가정에서 성장한 사람은 어린 시절에 받은 학대를 지울
수 없을 것이고, 의존증에 걸려 있는 사람은 주변 사람들의 행동을
바꾸지 못한다. 알코올 중독증인 사람은 알코올에 민감한 체질을 바꿀

수가 없고, 지진이나 태풍도 우리를 자유롭게 만들지 못한다. '시간' 역시 그러하다. 그것은 누구에게나 공평한 것이긴 하지만 끊임없이 지나가 버려 누구도 그 흐름을 막을 수가 없기 때문이다. 광적인 경마 도박꾼이 아무리 발버둥을 쳐도 스스로 말을 몰아 경주를 할 수 없고, 도박광인 사람이 주사위의 숫자를 결정할 수 없는 것이다.

이와 같이 뜻대로 되어주지 않는 현실에 대해, 당신은 진저리를 치고 있지는 않은가? 아니면 뜻대로 되지 않아 그냥 내맡겨둘 수밖에 없는 상황인데도 별 생각 없이 마음 편하게 있는 건가?

물론 인생을 살아가는 데 있어, 우리가 의도하는 대로 할 수 있는 것도 적지 않다. 그런데 그런 일마저도 항상 뜻대로 되지 않는 것은, 지금의 당신에게 그렇게 시도해 보려고 하는 마음이 없든가 혹은 그렇게 하기 위한 마음의 준비가 되어 있지 않기 때문은 아닐까……

스스로 누구의 도움 없이 할 수 있는 일임에도 그렇게 하지 않는다는 것 — '문제'의 대부분은 이런 종류의 것이다.

사실 스스로도 어떻게 하면 지금 상태에서 벗어나 '다시 일어날 수' 있는가를 알고 있다. 이대로 머물지 말고, 변해야 한다는 것도 알고 있다. 또한 변할 수만 있다면 더할 나위 없이 좋겠다고 바라지만 여전히 변하려고 하지 않는다. 그러면서 그런 자신이 나약하고, 뻔뻔스러우며,

당신이 자신의 어떤 약점을 미워한다거나
혹은 성가신 문제가 앞에 놓여 있다면,
거기에 저항을 하든지 있는 그대로
받아들이든지 둘 중 하나를 택해야만 한다.
당신은 과연 어느 쪽을 선택하겠는가?

쓸모없는 인간으로 느껴져 자신을 계속 비하하는 것이다.

'문제'를 가지고 있을 뿐만 아니라 그것을 끊을 만한 힘마저 없는 하잘것없는 존재라고 스스로를 책망한다. 이윽고 자신이 자신에게 있어 최대의 '적'이 되어, 모든 정력을 그 '적'을 컨트롤하는 데만 쏟아붓게 되는 것이다.

그런데 이것을 힘겹게 컨트롤하는 것보다 훨씬 수월하면서도 강력하게 극복할 수 있는 방법이 있다. 그것은 바로 지금 있는 그대로의 현실을 수긍하는 일이다.

당신이 자신의 어떤 약점을 미워한다거나 혹은 성가신 문제가 앞에 놓여 있다면, 거기에 저항을 하든가 있는 그대로 받아들이든가 둘 중 하나를 택해야만 한다.

당신은 어느 쪽을 선택하겠는가? 그 선택 여하에 따라 이제부터의 하루하루가 완전히 변하게 될 것이다.

가령 '그 일'을 계속 혐오하거나 미워함으로써 불편하게 느껴져, 억지로라도 컨트롤하려고 하면 어떻게 될까? 당신이 그 일에 대해 저항하면 할수록 도리어 그 싫은 일이 강대해져, 결국에는 거기서 빠져나올 수 없게 될 것이 분명하다.

반대로 그것은 부끄러운 일이 아니라고 생각함으로써 있는 그대로를 받아들이게 되면, 그 일은 더 이상 힘을 발휘하지 못하게 될 것이다.

물론, 받아들인다고 해서 무조건 그것을 좋아하게 된다는 것이 아니다. 또한 그 상태 그대로가 바람직하다고 생각하는 것도 아니다. 다만 단순히 현실을 있는 그대로 인정하는 일일 뿐이니까……. 하지만 그것은 망상에 집착하여 얽매여 있는 자신을 해방시켜 주고 스스로 휘감고 있는 쇠사슬을 벗게 해줄 것이다.

현실을 있는 그대로 받아들이게 되면 몸과 마음이 자유로워져, 이제부터 무엇을 어떻게 해야 할지를 확실하게 머릿속에서 떠올릴 수 있게 된다. '문제'에 대해 저항하는 일에만 소비해 왔던 시간과 정력을 긍정적이고 적극적인 방향으로 전환시킬 수 있게 되기 때문이다.

'문제'의 존재를 있는 그대로 인정하게 되면 그것을 끊겠다는 생각이 없어지는 것이 아닌가 하고 걱정할지도 모른다. 하지만 그런 생각은 할 필요가 없다. 왜냐하면 현실을 받아들이게 됨으로써 보다 자유로워지고, 그 결과 결점이 있든지 없든지 간에 있는 그대로의 자신을 사랑할 수 있게 되기 때문이다.

'난 쓸모없는 인간이야.'라고 낙심하거나, '무슨 일이 있어도 여기서 벗어나야 하는데.'라며 자신을 책망하거나, 뜻대로 되지 않는 자신을 혐오할지라도 무엇 하나 건설적인 일은 생기지 않는다.

현실을 있는 그대로 받아들이게 되면
몸과 마음이 자유로워진다. '문제'에 대해
저항하는 일에만 소비해 왔던 시간과
정력을 긍정적이고 적극적인 방향으로
전환시킬 수 있게 되는 것이다.

있는 그대로의 자신을 받아들인다면, 있는 힘을 다해 무엇인가를 우격다짐으로 컨트롤하려는 생각도 자연히 없어지게 된다.

그리고는 진정으로 힘을 쏟아야만 하는 것, 요컨대 자신을 좋아지게 만드는 일에 집중할 수 있게 되는 것이다.

구체적인 경우를 설정하여 생각해 보면, 좀 더 이해하기 쉬워지리라 생각한다.

경우 A : 컨트롤할 수 없는 '문제'

근친상간의 피해자인 여성을 예로 들어보자. 그녀의 이름은 재키다. 우선 그녀가 과거에 강간당했다고 하는 사실 자체는 도무지 변화가 불가능하다. 하지만 재키가 그 일에 대한 자신의 생각을 바꾸는 일은 가능하다.

그러므로 그녀가 나아갈 길은 두 가지 방향으로 생각할 수 있다.

● 방향 ① : 저항한다

재키는 '부친에게 강간당하지 않았더라면 좋았을 것을.', '그런 끔찍

한 일이 벌어지지 않았더라면 좋았을 것을.' 하는 생각에만 매달려 있다. 그러면서 그 당시의 공포를 항상 되살리고 있는 것이다.

머릿속에서는 '이미 끝나 버린 일'로서 더 이상 여기에 집착해서는 안 된다고 생각한다. 아주 오래전에 일어난 일에 이렇게 시달려서는 안 된다는 것도 알고 있다. 하지만 그녀는 '잊을 수만 있다면 모든 일이 수월해질 텐데.' 하면서 언제나 그 생각에만 몰두해 있다.

한밤중에 느닷없이 위에 통증을 느끼거나 때때로 울컥 화가 치밀기도 한다. 그럴 때마다 기분을 바꿔보려고 애를 쓰지만 잘 되지 않는다. 부친을 원망하고 자신을 혐오하면서 오로지 그 일만을 생각하고 있기 때문이다.

재키는 '지금 이 시간'을 살아가려고 하지 않고 있는 것이다. 부친을 증오하고 있지만 정작 얼굴을 맞대면 솔직한 감정을 표출하지 못한다. 남성에 대한 공포심이 없어지기를 바라며 장래에 행복한 생활을 누리며 살지 못하는 것이 아닐까 하는 불안감에 젖어 있다.

이런 식으로 다람쥐 쳇바퀴 돌듯 반복하고만 있다면 아무것도 변할 수가 없다.

●결과 – 재키는 모든 일에 대해 혐오감을 갖게 되고, 자신을 더욱 비하하게 된다.

재키는 자신이 안고 있는 '문제'의 대부분이
부친에게 강간당한 사실에 의해 자신을
비하시킴으로써 발생된 일임을 깨달았다.
그제야 자신과 부친에 대해 동정할 수 있게
되었고, 자신을 사랑하며 살아가게 되었다.

● 방향 ② : 받아들인다

재키는 '부친에게 강간당한 일이 없었더라면 얼마나 좋았을까.'라고
생각은 하면서도, 이미 끝나 버린 사실로서 인정하고 엉망진창이 된
지금까지의 인생을 어떻게든 '다시 일으키려고' 노력하고 있다.

심리치료 요법을 받아보기도 하고 가족들과 더불어 이야기를 나누
기도 하면서 왜 그런 일이 발생했는가를 이해할 수 있게 되었다.

아버지는 어릴 때에 할아버지로부터 자주 채찍으로 얻어맞곤 했다.
그런데 할머니가 그런 광경을 보고도 못 본 척했으므로 언제나 겁에
질려서 벌벌 떨어야 하는 불쌍한 어린 시절을 보냈다는 것을 알게
되었다.

그렇다고 하여 부친이 저지른 일이 정당화되는 것은 아니다. 하지만
최소한 이 일이 자신의 책임은 아니라고 생각하게 되었다. 자신이
그렇게 유도한 것도 아니며, 자신의 힘으로 그것을 막을 수 있는 것도
아니라는 것을 알게 되었기 때문이다.

자신이 안고 있는 '문제'의 대부분이 강간당한 사실에 의해 자신을
비하시킴으로써 발생된 일임을 깨닫고, 그제야 자신과 부친에 대해
동정할 수 있게 되었다.

재키는 부친에게 확실하게 자신의 심정을 전했다. 그렇게 함으로써

아주 원만하게까지는 되지 않았지만, 이전보다 훨씬 솔직하게 이야기를 나눌 수 있는 관계가 되었다.

이렇게 '문제'를 조금씩 해결해 나감에 따라 여성으로서 건전한 감정을 가질 수 있게 되었으며, 남성과도 원활하게 교제를 할 수 있게 되었다.

● 결과 – 재키는 자신을 사랑하며 살아가게 되었다.

경우 B : 컨트롤할 수 있는 '문제'

스티브는 충동적으로 폭식하는 '강박성 충동 폭식증'에 걸려 있고, 그 문제로 몹시 괴로워한다.

그는 다음과 같은 세 가지 방향으로 생각할 수 있을 것이다.

● 방향 ① : 다시 일어난다

이것이 가장 바람직한 선택이다. 스티브는 자신의 이상스런 폭식 습관을 중지해야 한다고 스스로 생각하고서, 이러한 현상을 일으킨 원인을 해결하겠다고 결심한다. 다시 말해, 본인이 '다시 일어나고'

스티브는 자신이 비만 체질일지 모르나
그래도 스스로를 좋게 여기려고 노력하고 있다.
지금까지 음식물에 대한 강박적인 욕구를
컨트롤하는 데 소비했던 정력과 노고를
좀 더 바람직한 일에 쓰겠다고 마음먹는다.

싫어 하면서 그럴 수 있다고 느끼는 것이다.

설령 현시점에서, 일반적인 기준으로 따지면 자신이 비만 체질일지
모르나 그래도 스스로를 좋게 여기려고 노력하고 있다. 지금까지 음식
물에 대한 강박적인 욕구를 컨트롤하는 데 소비했던 정력과 노고를
좀 더 바람직한 일에 사용하겠다고 마음먹는다.

그 결과 어째서 자신이 이토록 음식물에 의존하게 되었는가, 또한
어떤 식으로 의존해 왔는가를 알게 된다.

지금까지 자신의 잘못된 욕구로 인해 인생이 비참해졌다는 것을
인정하고 스스로를 용서해 준다. 먹는 일에 항상 신경을 곤두세우면
서, 먹고 싶어 하는 욕구가 일어날 때는 그것이 감정적인 욕구에서
비롯되는 것이 아닌가를 파악하기 위해 노력한다.

자신을 이해하고 힘이 되어주는 친구가 몇 사람 생기고, 심리치료를
받든가 어떤 모임에 참가할까 하는 생각도 해본다.

스티브는 자신을 편안하게 받아들일 수 있게 된 것을 무엇보다도
기뻐하면서, 이제는 충동적인 욕구에서 벗어나 자신의 건강을 위해
알맞게 음식물을 섭취함으로써 몸을 소중히 여긴다. 체중에는 그다지
신경 쓰지 않으므로 다이어트는 하지 않는다.

●결과 - 스티브는 자신을 좋아하도록 언제나 노력하고 있다.

● 방향 ② : 저항한다

스티브는 충동적으로 먹는 것을 자제할 수 있는 가능성이 있음에도 불구하고 아직껏 그럴 생각이 없는 모양이다. 그는 폭식을 자제하겠다는 마음의 준비를 하는 대신 '이렇게 비참한 모습이 되지 않았더라면 얼마나 좋을까.' 또는 '비정상적으로 먹는 습관만 바로잡는다면 좀 더 근사한 옷을 입을 수 있고, 인간관계도 원만해져서 보다 행복해질 수 있을 텐데.'라는 생각에만 사로잡혀 있다.

그는 날씬해지기만 한다면 좀 더 여유롭고 즐겁게 지낼 수 있을 거라고 생각하면서, 지금은 언제 또 충동적으로 식욕이 발동하지나 않을까 하고 마음을 졸이며 하루하루를 지내고 있는 형편이다.

때로는 이러한 중압감을 견디지 못하고 마구잡이로 폭식을 한다. 그리고는 그 꺼림칙한 생각을 잊기 위해 또 다시 폭식을 하는 등으로 그야말로 악순환의 고리를 끊지 못하고 있다. 그러면서 그것이 큰일이라는 것을 알고 있기 때문에, 자신에 대한 혐오감을 더욱 크게 가지게 된다.

그는 이런 상태에서 벗어나는 것을 불가능하다고 생각한다. 그리하여 스스로를 불행하다고 여기고, 막다른 골목에 다다랐다고 느낀다.

● 결과 - 스티브는 낙담하여 자기혐오를 느끼고 있다.

그는 폭식이 다시 폭식을 부르는 악순환의
고리를 끊지 못하고 있다. 그는 이런 상태에서
벗어나는 것을 불가능하다고 생각한다.
그리하여 스스로를 불행하다고 여기고,
낙담하여 자기혐오를 느끼고 있다.

●방향 ③ : 받아들인다

스티브는 언젠가는 다시 일어날 수 있으리라고 믿지만, 아직은 마음
의 준비가 되어 있지 않다고 생각한다. 그는 충동적인 식욕을 자제하
지 못하는 자신을 있는 그대로 받아들이며, 그런 약점이 있을지라도
자신은 가치 있는 사람이라고 스스로 타이르고 있다.

충동적인 탐식을 하는 데는 그 나름대로의 이유가 있다고 생각하면
서, 때때로 거기에 휩쓸려 버리는 자신을 지나치게 비난하지 않으려고
애를 쓴다. 그것은 분명히 나쁜 버릇이지만, 인간의 본질은 선한 것이
라고 생각하기 때문이다.

언제나 몸매나 복장에 신경을 쓰고 인간관계를 원활하게 유지함으
로써, '문제'에만 지나치게 주의를 기울여 쓸데없는 에너지를 허비하
지 않도록 노력한다.

충동적으로 먹어대면 몸에도 해롭고, 사회적인 인식 또한 몸이 표준
이상으로 비만한 사람에게 호의적이지 않음도 잘 알고 있다.

최근 들어 폭식하는 일이 줄었으며, 정원을 가꾸거나 친구와 대화를
나누는 일, 독서 등에 시간을 쓰는 일이 많아졌다.

●결과 - 스티브는 자신을 좋아하도록 계속 노력하고 있다.

자기 점검

컨트롤할 수 있는 것과 할 수 없는 것을 구별해야 한다

1. 당신의 인생에서 스스로를 컨트롤할 수 없는 '꺼림칙한 일'은 무엇인가?

   ① 오직 그것을 잊기 위해서만 골몰한다면 당신은 어떻게 되리라고 생각하는가?('경우 A'의 '방향 ①'을 다시 한 번 읽어보라.)

   _____

   _____

   _____

   ② 그것을 현실의 일로서 받아들인다면 어떻게 되리라고 생각하는가?('경우 A'의 '방향 ②'를 참고하라.)

   _____

   _____

   _____

   ③ 다음의 문장을 완성시켜 몇 번이고 되새겨 읽어보라.
   처음의 공백 부분에는 당신이 지금 가장 '꺼림칙하다.'고 생각하고 있는 것을 적어 넣고, 다음 공백 부분에는 당신이 희망하고 있는 것을 적어 넣는다.

'(＿＿＿＿＿＿＿＿＿＿＿＿＿＿＿＿)은 있지만 나에게는 희망이
있으며 (＿＿＿＿＿＿＿＿＿＿＿＿＿＿＿)를 할 수 있다.'

2. 당신의 인생에서 스스로 컨트롤할 수 있다고 여겨지는 '꺼림칙한
   일'을 써보라.

   ① 그것을 스스로 변화시킬 수 있다면 어떤 식으로 할 것인가?
   ('경우 B'의 '방향 ①'을 다시 잘 음미하여 읽어보라.)

   ＿＿＿＿＿＿＿＿＿＿＿＿＿＿＿＿＿＿＿＿＿＿＿＿＿＿

   ＿＿＿＿＿＿＿＿＿＿＿＿＿＿＿＿＿＿＿＿＿＿＿＿＿＿

   ＿＿＿＿＿＿＿＿＿＿＿＿＿＿＿＿＿＿＿＿＿＿＿＿＿＿

   ＿＿＿＿＿＿＿＿＿＿＿＿＿＿＿＿＿＿＿＿＿＿＿＿＿＿

   ② 거기에 구애되어서 그것만을 생각하고 있다면 앞으로 어떻게
   되겠는가?
   ('경우 B'의 '방향 ②'를 참고하라.)

   ＿＿＿＿＿＿＿＿＿＿＿＿＿＿＿＿＿＿＿＿＿＿＿＿＿＿

   ＿＿＿＿＿＿＿＿＿＿＿＿＿＿＿＿＿＿＿＿＿＿＿＿＿＿

   ＿＿＿＿＿＿＿＿＿＿＿＿＿＿＿＿＿＿＿＿＿＿＿＿＿＿

   ＿＿＿＿＿＿＿＿＿＿＿＿＿＿＿＿＿＿＿＿＿＿＿＿＿＿

③ 지금의 그러한 자신을 있는 그대로 받아들인다면 앞으로 어떻게
되겠는가?
('경우 B'의 '방향 ③'을 참고하라.)

_____

_____

_____

④ 다음 문장의 빈 곳을 자신의 말로 완성시켜 몇 번이고 읽어보라.
'나는 가치 있는 인간이며 (   )이므로
(   )을 더 이상 하지 않겠다.'
'지금 (   )하는 나쁜 습관을 당장
끊지는 못하더라도 나는 가치가 있는 인간이며, (
)하므로 앞으로 점차 이것에서 탈피하여 재기할
수 있게 될 것이다.'

감정을
죽이는 일은
당장 멈춰라

대부분의 사람은 행복해지고 싶어 한다. 우리는 직업, 혹은 인간관계, 은행 예금, 학력, 용모나 자태 등에 의존하여 행복을 얻으려고 한다. 이 끝없는 욕망의 추구를 '행복을 찾아서'라는 식으로 명명하여 매스컴에서도 이를 부추기고 있다.

그런데 매스컴을 통해서 수도 없이 계속하여 이런 말을 듣고 있는 사이에, 우리는 어느덧 잘못된 착각에 빠지고 만다. 행복이란 마치 외부 세계의 것을 애써서 찾아 구하기만 하면 언젠가 손에 넣을 수 있는 것이라고 굳게 믿게 되어 버리는 것이다.

그러나 만약에 목적을 달성했는데도 기대하고 있던 감격이 없었다면 어떻게 될까? 혹은 2~3일은 도취감에 취해 있었으나 그 후에는 허무한 심정에 빠지게 되었다면 어떻게 될까? 혹시나 지향하고 목표로 삼았던 것이 잘못되었던 것은 아닐까?

사람에 따라서는 다시 마음을 돌이켜서 다른 목표를 세우거나 다른 일을 찾고, 다른 상대나 다른 방법 등 좀 더 많은 수업을 향해 전진하기도 할 것이다. 또한 주변을 둘러보고 누군가를 행복하게 만들어주고 있는 듯이 보이는 것을 발견하게 되면 그것을 손에 넣으려고 한다.

하지만 그 누군가를 행복해 보이게 하는 것의 실상은 무엇일까?

직업, 인간관계, 은행 예금, 학력, 용모 등.
그 누군가를 행복해 보이게 하는 것의 실상은
무엇일까? 사실 그것은 매스컴의 영향으로
어느 사이엔가 많은 사람들이 한결같이
품게 된 행복의 이미지에 불과할 뿐이다.

실제로 그것은 매스컴에 의해 영향을 받아 어느 사이엔가 모든 사람들이 한결같이 품게 된 행복의 이미지에 불과한 것이 대부분이다.

그리하여 텔레비전 드라마에서 볼 수 있는 유복하고 행복해 보이는 생활, 잡지에 실리는 이상적인 인물이나 가정을 찍어놓은 사진, 그리고 도처에서 눈에 뜨이는 대량 생산된 풍부한 물건들 속에 행복이 있다고 착각하기도 한다.

그러나 자신들이 추구하고 있던 행복한 기분, 기쁨, 안락함, 행복감 등을 느끼지 못하게 되면 자신이 뭔가 잘못하고 있는 것은 아닐까 하고 생각하게 된다. 이것이 행복을 추구하면 얻을 수 있다고 믿는 잘못된 사고의 약점이다.

무엇인가를 손에 넣고도, 또 무엇인가를 시도했어도 만족감을 느낄 수 없다면 '역시 난 틀렸어.'라고 생각하는 것이 당연한 감정이다.

이런 상태라면 대부분의 사람들이 '문제'를 안고 있다고 단언해도 이상한 일은 아닐 것이다. 왜냐하면 이러한 '문제'가 마음의 고통에서 자신을 지켜주기 때문이다.

하지만 여기서 잠깐 생각해 보고 지나가자.

누구든지 불쾌한 기분을 맛보고 싶어 하지 않지만, 언제나 변함없이 행복한 기분에만 잠길 수 있는 사람은 한 사람도 없다.

감정에는 그 성격에 따라 양성인 것(행복, 사랑, 감격)과 음성인 것(죄의식, 두려움, 수치), 그리고 비교적 중성인 것(따분함, 동요하는 마음, 마비된 감정) 등이 있다. 아무튼 감정이란 복잡한 것이다.

그러나 당신이 '문제'를 방파제로 삼아 마음을 빈틈없이 보호하고 있다면, 분명 이런 식의 복잡한 감정에 좌우되어 우왕좌왕하는 일은 없을 것이다.

'문제'를 지니고 있으면 감정을 있는 그대로 느끼지 못하게 된다. 왜냐하면 감정을 다른 형태로 혼동시키거나 숨기거나 혹은 이상하게 증폭시킴으로써 자신의 기분을 컨트롤하기 쉽게 만들기 때문이다.

예를 들자면 불쾌한 감정은 어떤 것이든 일체 피해 버리는 사람의 경우에는, 누가 보아도 슬픈 사건이 눈앞에 벌어졌는데도 그것에 의해 자신의 감정이 동요되는 것을 두려워한 나머지 그 상황을 외면해 버리기도 한다.

또한 불쾌한 감정을 맛보게 되면 분풀이할 대상을 찾아 자신의 실패를 그것 때문이라고 하기도 하고, 그것을 구실로 다른 사람에게 접근하는 것을 피하기도 한다. 또는 그와는 정반대로 다른 사람의 동정심을 끌기 위해 그것을 이용하는 자도 있다.

더러는, 행복한 기분마저 피하려 하는 사람도 있다. 왜냐하면 지금

자신의 감정을 어떻게 다루어야 좋을지,
어떤 방법으로 표현하면 좋을지를 대부분의
사람들은 알지 못한다. 쌓이고 쌓인 생각을
억누르고 배출구를 찾지 못한 채, 그것을
부둥켜안고만 있는 사람들이 참으로 많다.

행복한 기분을 맛보게 되면, 이후에는 오히려 기분이 더욱더 가라앉게 되지 않을까를 두려워하기 때문이다.

그러는 사이에 자신이 진정으로 무엇을 느끼고 있는지 통 알 수 없게 되어 버린다. 자신을 컨트롤해야 한다는 생각이 강해지게 되면 점차 감정도 컨트롤해야겠다고 여기게 되기 때문이다.

어떻게 보면 감정이란 문제성이 짙은 것이다. 일시적인 감정에 휩싸여 실패하기도 하고, 트러블을 일으키기도 한다. 때문에 우리는 감정을 신뢰하지 못하며 두려워하고, 나아가서 감정을 '좋다', '나쁘다'로 규정짓고 만다.

좋고 나쁜 것 따위는 관계가 없다. 어떠한 감정이든 그것은 인간에게 있어서 중요한 것이며, 살아가는 데 있어서 없어서는 안 되는 것이다. 하지만 이런 것은 누구도 가르쳐주지 않는다.

그래서인지 자신의 감정을 어떻게 다루어야 좋을지 모르는 사람이 대부분이다. 그것을 어떤 방법으로 표현하면 좋을지를 대부분의 사람들은 알지 못한다. 쌓이고 쌓인 생각을 억누르고 배출구를 찾지 못한 채, 그것을 부둥켜안고만 있는 사람들이 많이 있는 것이다.

지금, 실제로 자신이 느끼고 있는 생각을 어떻게 표현하면 좋을지 알지 못한다. 확실하게 알고 있는 것은 한 가지다. 물살을 막고 있는

댐이 일시에 터지는 것처럼 감정이 방출될 경우, 항상 신경을 곤두세우지 않으면 전혀 손을 쓸 수 없게 될 것이라고 하는 것뿐이다.

이런 식의 감정을 억지로 누르기 위해서 어느 정도의 에너지가 필요한지 알고 있는가?

그런 불건전한 노력의 결과가 우리 인체에 갖가지 병의 원인과 피로감, 우울증을 유발시키게 된다. 게다가 아무리 애를 쓰고 억누르고 자제할지라도, 감정이란 완전하게 컨트롤할 수 없는 것이다.

만약 당신이 좀처럼 끊을 수 없는 강박신경증과 같은 '문제'를 안고 있는 사람이라면, 그 '문제'를 이용하여 감정에서 도피한다고 하는 얄팍한 방법을 동원할 수도 있을 것이다.

그곳으로 도피하는 것을 상상하는 것만으로도 당신은 안도감을 느끼지 않는지? 나름대로 좋은 기분을 맛볼 수 있을지도 모른다.

하지만 그런 수법이 통용되고 있는 것은 '문제'가 표출되지 않고 있는 동안뿐이다.

만약 '문제'로부터 도피한다 할지라도 자신에게 아무런 도움도 되지 못한다는 것을 깨닫게 되면 일시적으로 고양되었던 기분이 사라지고, 자신이 한심스럽다는 비참한 감정이 일시에 몰려들게 된다.

자신이 한심스럽게 여겨지는 감정은 그 무엇보다도 스스로를 비참

감정을 억지로 누르는 불건전한 노력의 결과가
우리 인체에 갖가지 병의 원인과 피로감,
우울증을 유발시키게 된다. 게다가
아무리 애를 쓰고 억누르고 자제할지라도,
감정이란 완전하게 컨트롤할 수 없는 것이다.

하게 만든다. 그것은 자신을 좋아하는 것과 정반대에 해당하는 불건전한 감정이므로, 이것을 좀 더 상세하게 살펴보기로 한다.

이 두 가지의 기분은 상호간에 서로 용납하지 못한다. 자신을 한심스럽다고 생각하는 것은 단순히 부정적인 감정을 갖게 하는 일일 뿐아니라, 근본적으로 자신을 비정상적이며 이상하다고 느끼게 하는것이다. 어째서 그런 식으로 생각하게 되었는가는 나중 문제이고, 그러한 생각이 그 사람의 인생에 끼치는 영향은 매우 심각하다.

만약 자신이 천성적으로 나쁜 인간이라서 수치스럽게 느끼는 것이당연하다고 믿는 사람이 있다면, 그 사람은 평생 그것을 숨기려고애쓰면서 마음의 아픔을 덜어내는 일에 자신이 가진 대부분의 에너지를 쏟을 것이다.

그리하여 자신의 진정한 모습을 다른 사람들이 알게 되면 싫어할것이 틀림없다고 여기고는 그것을 베일로 덮어두기 위해 거짓말을하고, 남의 탓으로 돌리기도 하며, 솔직하게 마음을 터놓거나 친밀한관계 맺는 것을 피하려 한다. 또한 스스로가 그 수치스러운 자신과직면하고 싶지 않기 때문에 더더욱 자신을 숨기고, 감정을 위장하며,자연스런 기분을 억눌러서 가능한 한 고통을 느끼지 않으려고 할 것이다. 하지만 얄궂게도 본인은 그러한 식으로 진정한 자신을 숨길

속셈이었지만 실은 '위장된 자신'을 숨기고 있는 셈이다. 그것이 우리의 '참모습'인 것이다.

이러한 사실을 깨닫고 마음속 깊은 곳에 자리한 '선'과 대화를 할 수 있게 되면 어떠한 감정이라도 그대로 정면에서 받아들일 수 있게 된다.

자신을 좋아하게 되면 양성이 아닌 감정, 다시 말해 분노나 슬픔, 따분함이나 곤혹스러움, 질투 따위의 감정까지도 일어나는 그대로 받아들이게 된다. 그것은 그러한 감정을 마음속으로 느낀다 하더라도 자신의 가치에 전혀 변화가 없음을 알고 있기 때문이다.

사람의 가치는 기쁨이나 애정처럼 '양성적인 감정'을 지니고 있을 때만 빛나는 것이 아니다. 어떤 감정을 지니든지, 인간은 '선한' 존재이기 때문이다.

감정에 대해 알아두었으면 하는 것을 몇 가지 소개해 본다.

● 감정은 항상 존재한다

당신이 인정하든지 인정하지 않든지, 이해하든지 이해하지 않든지, 당신 속에 감정은 존재한다. 그리고 당신은 나름대로의 방법으로 그것을 처리한다.

자신에게 감정이 있음을 인정한 바로 그 순간,
여러 가지 감정이 일시에 몰려들 것이다.
그러나 점차 안정을 되찾게 되면 각각의
감정 하나하나를 차분히 맛볼 수 있게 되며,
소중히 여기겠다고 생각하게 된다.

만약 당신이 느끼는 고통이나 아픔을 느낀다면, 그것은 잔뜩 움츠러들어 있던 감정이 무의식중에 새어나온 결과인지도 모른다. 혹은 당신도 타인이 느끼는 대로 그 흉내를 내며 느끼는 척을 하고 있는 것뿐인지도 모른다. 아니, 어쩌면 완전히 감정의 존재를 부정하고 있는지도 모른다.

하지만 자신에게 감정이 있음을 인정한 바로 그 순간, 여러 가지 감정이 일시에 몰려들 것이다. 그러나 점차 안정을 되찾게 되면 각각의 감정 하나하나를 차분히 맛볼 수 있게 되며, 소중히 여기겠다고 생각하게 된다.

● 감정은 복잡한 것

감정을 있는 그대로 받아들이기 시작하면, 어떤 감정을 원한다든지 어떤 감정은 싫다든지 하는 식의 말은 할 수가 없다. 계속하여 일어나는 인생의 사건들과 마찬가지로, '저것은 좋고, 이것은 필요 없다.'는 식으로 자신이 좋아하는 것만 가질 수는 없기 때문이다.

롤러코스터(유원지에 있는 놀이기구의 일종)에 올라타게 되면, 그것이 정지할 때까지 올라갔다 내려갔다를 반복하지 않을 수 없는 것과 같은 이치인 것이다.

● 감정에는 이유가 있다

어째서 그런 감정이 솟구치는 것일까? 그 이유도 중요하다. 왜냐하면 그것이 당신의 다음 행동에 영향을 끼치기 때문이다.

가령 누군가로부터 심하게 부당한 대우를 받고 화가 났다고 치자. 이것은 당연한 감정이다. 당신의 분노는 그에게 무시당할 수 없다고 당신이 생각하고 있다는 증거이며, 또한 그 분노의 감정이 그 사태를 해결하려고 하는 기력이 되어주기도 할 것이다.

● 감정은 무엇인가를 호소하고 있다

그렇다면 그 감정은 어디서 온 것일까? 그것은 이미 내재해 있는 것일 수도 있고, 아니면 이제부터 발생할 일에 대한 반응인지도 모른다. 혹은 당신 자신의 독특한 사고 패턴, 사고방식, 또는 당신의 언어에서 필연적으로 생겨난 것인지도 모른다.

그 감정의 원인이 무엇인지 알게 된다면, 그것이 당신에게 무엇을 전해 주려고 하는지도 알게 될 것이다.

● 감정에는 힘이 있다

감정에 따라서 힘의 정도가 다르다. 가벼운 것은 대수롭지 않게

감정 그 자체가 아니라 '내가 감정을
소유하고 있다.'라는 생각을 상기해야 한다.
감정으로 인해 우리 인생과 주변 사람들이
변하기도 하지만, 우리 자신이 그 감정을
제어할 수 있는 더 큰 힘을 지니고 있는 것이다.

지나가 버리지만, 강한 것은 당신 자신을 강타할지도 모른다. 이런 강력한 감정이 엄습해 오면, 그 감정이 바로 자신인 것처럼 느껴질 수 있다. 공포가 바로 내 자신이 되기도 하고, 내가 분노가 되기도 한다. 또는 사랑 그 자체가 되기도 한다.

이럴 경우, 자신은 감정 그 자체가 아니라 '내가 감정을 소유하고 있다.'라는 생각을 상기시켜야만 한다. 감정으로 인해 우리 인생과 주변 사람들이 변하기도 하지만, 우리 자신이 그 감정을 제어할 수 있는 더 큰 힘을 지니고 있기 때문이다.

● 감정은 다른 감정을 커버한다

우리는 때로 감정을 자신의 형편에 맞도록 바꿔치기하여 괴로운 시간을 빠져나가려고 한다.

가령 '분노'의 감정은 상대나 주위로부터 강한 저항감을 받을 수도 있지만, '신경질' 정도라면 그다지 큰 반격을 받지 않고 지나갈 수도 있을 것이다. '공포심'과 대면하는 것은 견디기 어려운 일이지만, '체념' 정도라면 마음의 고통도 덜어질 것이다. 또한 '불만'은 다른 사람의 동정을 끌어내기도 하지만, 자신의 책임을 회피하는 데도 아주 적절한 감정이다.

지금 잠시 멈춰 서서 자신이 느끼고 있는 감정에 주의를 기울여 보라. 거기에 다른 의도가 숨겨 있지는 않은지…….

● 감정은 언젠가 사라진다

감정과 가장 잘 교류하는 방법은 그것이 오래된 것이든 새로운 것이든 그대로 받아들이는 것이다. 감정은 삶의 한 부분이다. 거기에 저항하는 것은 현실을 부정하는 것과 다름없다. 두려움이나 공포심에 빠졌다거나 거기서 헤어 나오기 위해 억지로 무슨 일을 시도한다거나 간에, 그 감정을 자책하지 말고 일어난 감정을 그대로 놔두라.

이 일로 자신이 상처를 입게 될지, 혹은 정반대로 즐겁게 될지 그것은 알 수 없다. 따라서 자연스럽게 있는 그대로 받아들이는 자세가 필요하다. 느낀 그대로를 받아들이고, 가능하다면 그 원인을 알아보는 것도 좋은 방법이다. 그것이 자신에게 소용없는 것이라면 좀 더 그 감정과 교류를 나누게 됨에 따라 차츰 사라져 버리게 될 것이다.

● 감정은 당신의 가치와는 관계가 없다

감정이 당신 자체가 아니라, 당신이 감정을 소유하고 있는 것이다. 좋은 감정을 지니고 있어서 좋은 인간이고, 나쁜 감정을 지니고 있어

> 감정과 가장 잘 교류하는 방법은
> 그것이 오래된 것이든 새로운 것이든
> 그대로 받아들이는 것이다. 감정은
> 삶의 한 부분이다. 거기에 저항하는 것은
> 현실을 부정하는 것과 다름없다.

서 나쁜 인간인 것은 아니다.

여러 번 반복하여 언급해 왔듯이, 당신의 가치는 천성적으로 주어져 있는 것이므로 당신이 어떻게 느끼는가와 아무런 관련이 없다.

감정의 본체를 확인한다

이 자기 점검은 자신이 가진 감정의 진정한 모습을 알고 그것을 당신다운 방법으로 표현할 수 있도록 돕는 것이다.

여기에 나와 있는 방식은 감정을 있는 그대로 표현하지 못하고 '문제'로 도망쳐 버리고 싶을 때 특히 도움이 될 것이다.

예를 들어서 다음 질문에 답변해 보라.

1. 지금 느끼고 있는 가장 강한 감정은 무엇인가? (예 : 분노)

_____

2. 지금 느끼고 있는 감정을 좀 더 정확하게 표현하는 말을 찾아보라.
   (예 : 안절부절못한다, 불안·낙담·수치심을 느낀다, 상처를 입었다, 삶의 의욕을 잃었다.)

_____

3. 그러한 감정을 일으킨 원인이 된 사건이 있다면, 상세히 언급해 보라.
   (예 : 어머니로부터 '너는 칠칠치 못하기 때문에 늘 그 모양이다.'는 말을 들었다.)

4. 그 심정을 무엇인가로 발산시켜 버린다면, 당신은 어떤 방법을
   택하겠는가?
   (예 : 혼자서 쿠키 한 봉지를 다 먹는다.
   뾰로통해져서 방에 틀어박힌다.
   개를 발로 찬다.)

5. 달리 어떤 해결방법이 있다고 생각하는가?
   (예 : 야단맞은 일로 상처를 입었다고 솔직하게 어머니에게 이야기한
   후, 스스로도 그런 행동을 취하지 않으려고 노력하고 있다고 말한다.

어머니에게 항의의 편지를 써놓고, 건네줄 것인지 건네주지 않을 것인지는 나중에 결정한다.
친구와 함께 큰 소리를 지르며 스트레스를 발산시킨다.)

매사를
긍정적으로
생각하라

자동차가 지나다니는 횡단보도 앞에서 세 남자가 신호를 기다렸다. 신호가 파란불로 변하는 것을 보고 차도로 발을 내딛은 순간, 교차점을 막 돌아 나온 차가 달려와 하마터면 그들과 충돌할 뻔했다.

그중의 한 사람이 그 차를 향해서 소리를 버럭 질렀다.

"이 바보 같은 자식아, 나를 치어 죽일 생각이냐!"

그는 계속해서 마음속으로 투덜거렸다.

'이렇게 복잡한 길을 건너지 말았어야 하는 건데. 심장 발작이 일어날 것처럼 가슴이 두근거리네.'

두 번째 남자는 이렇게 말하며 가슴을 쓸어내렸다.

"이것 참 큰일 날 뻔했어. 그래도 저 차니까 다행이었지. 다른 차 같았더라면 저렇게 잘 피하지 못했을 거야. 정말 운이 좋았어."

세 번째 남자는 그냥 멍청하게 서 있었다. 그래서 그에게 차에 대해 어떻게 생각하느냐고 물었더니 다음처럼 대답했다.

"뭐, 뭐요? 무슨 차 말인데요?"

그는 영문을 모르겠다는 듯 눈을 둥그렇게 떴다.

이와 같이 똑같은 사건을 만나도, 사람들은 현실을 각기 다른 시각으로 받아들인다.

우리는 저마다 이 세상에 한 사람밖에 없는
존재이고, 어떤 사건에 대한 사고방식이나
반응도 다른 누구와 결코 같지 않다. 동일한
환경에서 함께 자라난 일란성 쌍둥이조차도
각자 세상을 다른 눈으로 보고 있다.

우리는 저마다 이 세상에 한 사람밖에 없는 존재이고, 어떤 사건에
대한 사고방식이나 반응도 다른 누구와 결코 같지 않다. 우리의 성장
과정도 다르고, 또한 삶을 살아오는 동안 크게 영향을 받은 일도 저마
다의 유전자처럼 모두 다르게 마련이다. 엇비슷하지만 함께 자라난
일란성 쌍둥이조차도 각자 세상을 다른 눈으로 보고 있다.

이처럼 저마다의 시각으로 세상을 보고 있는데, 자신과 그 주변의
세계를 어떻게 받아들이는가 하는 결정권을 지니고 있는 것은 두뇌,
즉 '사고(思考)'이다.

사고는 지칠 줄 모르는 에너지에 의해서 밤낮을 가리지 않고 활동할
뿐 아니라 생각이나 꿈, 감정 따위를 산출해 내고 있다. 우리는 어떤
목적을 위해서 그것을 의식적으로 조작하기도 하지만, 보통은 '사고'
스스로가 자동적으로 조작되어 멋대로 느끼고 생각하도록 방치해 놓
는다. 하지만 그 끊임없는 활동에 지쳐 버리게 되면 스위치를 끄고서
그저 조용히 있고 싶어지기도 하는 것이다.

사람에 따라서는 연습이나 명상을 통해 그 스위치를 끄려고 하지만,
술이나 마약에 의존하는 사람도 있을 것이다. 하지만 무슨 일을 시도
하든 간에 그것은 일시적인 것일 뿐, 어느 사이에 머릿속은 전과 마찬
가지로 여러 가지 생각들이 쉴 새 없이 떠돌기 시작한다.

우리의 사고는 비슷한 패턴으로 반복되다가 마침내 습관화되어 버리는 일이 대부분이다. 별로 거세 보이지 않는 강의 물살이 강바닥을 조금씩 깎으면서 차츰 깊어지듯이, 우리의 사고도 가장 저항이 적은 루트를 선택하여 전진한다.

골치 아픈 문젯거리는 언제나 그럴듯하게 내세우고 있는 논리로 적당히 피해가려 들고, 객관적으로 다소 무리가 있더라도 그때까지 해왔던 사고방식을 고수하면서 다른 방향으로 구부러지기도 한다.

'문제'가 있는 사람들은 습관화된 사고를 지니고 있는 경우가 많은데, 그것들은 대부분 잘못된 것들이다. 확실한 증거도 없는데 제멋대로 해석을 내리기도 하고, 부정적인 면만을 극단적으로 크게 보면서 좋은 면은 보려고도 하지 않는다. 그리고 언제나 다른 사람과 자신을 비교하면서 '이렇게 해야 할까, 저렇게 했더라면 좋았을 것을……' 하는 식으로 우왕좌왕한다.

이런 식의 잘못된 사고 패턴은 '다시 일어나는 데' 아주 나쁜 영향을 끼친다. 예를 들어 '무슨 일이든 완전하게 못 하면 큰일이다.'라는 사고방식이 습관화되어 있으면, 100% 완전하게 재기한 것이 아닌 이상 모두 실패한 것으로 간주하기 때문이다.

이런 상태에서는 '다시 일어나려고' 하는 의욕마저 상실하게 된다.

'문제'가 있는 사람들은 습관화된 사고를 지닌
경우가 많은데, 그것들은 대부분 잘못된
것들이다. 확실한 증거도 없이 제멋대로
해석하는가 하면, 나쁜 면은 극단적으로
크게 보면서 좋은 면은 보려 들지 않는다.

무엇인가 뜻대로 잘되지 않는 일이 있으면 그때마다 그것은 자신에게
결함이 있기 때문이라고 생각하게 되므로, 낙심거리가 산더미같이
불어나게 되는 것이다. 그리하여 당연히 자신도 모르게 다시 '문제'
쪽으로 되돌아가고 말게 된다.

하지만 대부분의 사람들은 자신의 사고가 '현실'에 얼마나 지대한
영향을 미치는지를 잘 모르고 있는 것 같다. 객관적으로 보이는 '현실'
도 사고를 어떻게 전환하느냐에 따라 전혀 새로운 것이 될 수 있는데
말이다.

어떠한 생각이나 언어로 표현되는 대부분의 것들은 그 사람이 지니
고 있는 정신 상태의 반영이라 할 수 있다. 또한 우리가 취하는 행동의
대부분도 이 사고라고 하는 마음의 필터를 통해서 나오는 것이다.

따라서 특정한 상황이나 사건이 우리의 '현실'을 만들어내고 있는
것이 아니라, 오히려 그 상황이나 사건을 마음속에서 어떻게 받아들이
느냐에 따라 우리의 '현실'이 결정되어지는 것이다. 두려운 상황을
180도 호전시키기란 불가능해 보일지 모르지만, 그 일에 대한 견해나
느낌은 바꿀 수 있다는 말이다.

하나의 예를 들어보려 한다.

오손 웰즈가 화재를 당해 귀중한 비장품들을 소실했을 때, 그가

뭐라고 말했는지 알고 있는가?

그가 텔레비전의 어느 프로에 초대 손님으로 출연하자, 이 엄청난 화재를 당해 비탄에 젖어 있지 않느냐는 질문을 받았다.

그런데 놀랍게도 오손 웰즈는 '이번 화재 덕분에 너무나도 홀가분해졌다.'라고 답변했다. 왜냐하면 소중한 비장품들에게 집착하고 있었던 자신을, 이 화재가 해방시켜주었기 때문이라는 것이다.

그는 보통 사람들이라면 재난이라고밖에 생각할 수 없는 괴로운 '현실' 속에서도 좋은 면을 발견함으로써, 그것을 자신에게 플러스가 되는 경험으로 바꾸어놓은 것이다.

'다시 일어나려면', 행동을 변화시키기만 하면 된다고 막연하게 생각할 수도 있다. 하지만 정작 중요하면서 필요한 것은 사고의 질과 방향을 전환하는 것이다. '다시 일어난다는 것'은, 머릿속을 완전히 대청소하여 지금까지와는 다른 사고방식을 집어넣는 것과 같다.

우선 첫째로 '문제'에 핀트가 맞춰져 있던 사고를 '다시 일어나려고' 애쓰는 데로 옮길 필요가 있다. 이것은 간단하다. 두뇌는 매순간 한 가지 일밖에 생각하지 못한다. 따라서 그때 마음이 주목하고 있는 것이 곧 그때 그곳에 존재하는 '현실'인 것이다.

좋은

우리는 평상시 내뱉은 말에 의해 엄청난
영향을 받는다. 따라서 습관화된 부정적인
사고방식을 진정으로 바꾸기를 원한다면,
의식적으로라도 불평 · 불만이나 자신을
부정하는 말버릇을 즉시 끊도록 해야 한다.

만약 '문제'라든가 나약함, 수치스런 일에만 골몰하고 있다면 그것
이 당신에게 있어서의 '현실'이 되어 버린다. 반면에 가능한 한 밝게
행동하여 조금씩이나마 적극적인 견해를 가지려고 노력해 나가면,
이번에는 그것이 '현실'이 되는 것이다.

이와 같이 머릿속에서 생각하고 있는 것이 현실화되는 것이므로
무엇보다도 마음의 활기를 되찾기 위해 노력하는 것이 중요하다.

그러므로 말을 할 때는 충분히 고려하여 단어를 선택해 주길 바란
다. 왜냐하면 말에 의해서 사고가 구성되고, 그 사고가 감정을 만들어
내기 때문이다. 그만큼 말의 힘이 엄청나단 얘기다. 만약 당신이 '난
아무런 가치 없는 인간이야.'라고 한다면 기분 역시 그렇게 될 것이다.
무의식적으로 그렇게 말했다 하더라도 결과는 매한가지다.

우리는 평상시 내뱉은 말에 의해 엄청난 영향을 받고 있다. 그러므로
습관적으로 되어 버린 부정적인 사고방식을 진정으로 바꾸기를 원한다
면, 의식적으로라도 지금까지와는 다른 말을 하도록 해야 한다.

따라서 이 시간 이후에는 불평 · 불만이나 자포자기적인 말버릇을
즉시 끊기를 바란다. 특히 자신이나 자신의 인생에 대해서는 더더욱
신중하게 말을 선택해야 한다.

예를 들어 '나는 정말이지 다시 일어나야만 인생을 제대로 살아갈

수 있어.'라고 말하는 대신에 '자, 다시 일어나자.'라고 말해 보라. 그리
하면 기분이나 마음가짐이 다소나마 달라질 것이다.

만약 기분의 기본적인 토대가 원한·분노·무력감 등 이른바 부정
적인 감정에 뿌리를 내리고 있다면, 창조적·의욕적·적극적·의지
적인 '긍정'의 방향으로 옮겨가야 한다.

하지만 사고를 전환하는 일이 말처럼 쉽지는 않다. 따라서 이러한
사고방식이 몸에 익숙해지도록 끈기를 가져야 한다. 이제껏 거의 입
밖에 내뱉지 못했던 긍정적이고 적극적인 말이 귀에 익숙해져 당연한
것으로 들릴 때까지, 몇 번이고 반복해서 말해 보도록 한다.

마지막으로 이것 역시 매우 중요한데, 우리가 무엇을 생각하느냐에
따라 우리의 '환경'도 바뀐다는 사실이다. 요컨대 당신이 현재 갖고
있는 상황의 대부분은 당신이 과거에 생각했던 것이 만들어낸 것이다.
또한 당신이 현재 생각하고 있는 것은 그대로 장래의 상황이 된다는
사실을 잊지 말기 바란다.

그것이 아주 천천히 진행된다 해도 상관없다. 적극적인 생각을 지니
고 중단하지 않는 것이 중요하다. 그렇게 하면 매사에 있어 지금까지
보지 못하고 지나쳐 왔던 또 다른 측면들이 눈에 들어오게 될 것이다.

나쁘게만 여겨졌던 일도 '어쩌면 그것은 좋은 찬스가 되어주었을지

습관처럼 지녀왔던 부정적인 사고방식을
바꾸려면 부단한 노력과 훈련이 필요하다.
한창 이야기에 골몰해 있던 중에도 이러한
사실을 퍼뜩 의식하게 되면, 바로 이야기의
내용이나 스타일을 전환시키도록 한다.

도 몰라. 중요한 경험이었던 것 같아. 혹은 감사해야 할 일면도 있었
어.'라고 생각하게 될지도 모른다. 이렇게 되면 차츰 기쁨이라든가
만족감, 사랑 따위의 감정이 생겨나게 될 것이다.

또한 이런 행복한 기분은 반드시 주위에도 전해져서 더욱 좋은 상황
을 불러들이게 될 것이 틀림없다. 그리고 마침내는 당신의 '현실'을
멋진 것으로 받아들일 수 있게 될 것이다.

습관처럼 지녀왔던 부정적인 사고방식을 바꾸기 위해서는 부단한
노력과 훈련이 필요하다. 오랜 세월 동안 길들어온 버릇을 고치는
일이기 때문에 그리 간단하지만은 않다. 따라서 한창 이야기에 골몰해
있던 중에도 이러한 사실을 퍼뜩 의식하게 되면, 바로 이야기의 내용
이나 스타일을 전환시켜야 한다.

또한 항상 의식적으로라도 긍정적으로 생각하고 이야기하도록 해
야 한다. 만약 '난 정말 바보라니까.'라고 말해 버렸다면, '그래도 그걸
눈치채고 바꾸려고 하고 있으니 머리는 좋은 모양이야.'라고 토를 달
도록 하라. 새로운 언어의 힘을 빌려서 무의식중에 튀어나온 부정적인
말을 소멸시켜 버리는 것이다.

우리가 순간순간 하는 사고는 때로 자신의 적이 되는가 하면 아군이

되기도 한다. 그것은 '문제'를 만들어내기도 하지만 자신을 좋아하게 만드는 수단이 되어주기도 한다.

지금까지의 당신은 매사를 좁고 편협되고 일그러진 사고방식으로 받아들이는 것이 습관화되어 있었다. 더구나 그러한 사고방식이 옳은 것이라고 굳게 믿어 오지 않았는가. '난 정말 별수 없는 인간이야.'라는 말만 계속 되풀이해 왔을지도 모르는데, 그래서 과연 어떻게 되었는가? 아무런 성과도 없지 않은가? 그것은 당연히 자신을 그렇게 생각해 왔기 때문에 만들어진 결과이며, 그러한 사고는 잘못된 것이다.

당신은 지금 이대로 가치 있는 인간이다. 지금껏 인식하지 못하고 살아왔을 테지만, 당신의 본성은 '선한' 것이다. 따라서 머리로는 그렇게 생각되지 않을지라도, 항상 '나는 가치 있는 인간이고, 다른 사람에게나 내 자신에게 깊은 애정을 지니고 있다. 그리고 언제나 옳은 일을 하려고 한다.'라고 자신에게 들려주길 바란다.

자신에 대해서 말을 할 때도 자신에 대한 애정과 경의를 가짐은 물론 따뜻함과 배려하는 마음을 지니도록 해야 한다. 그리하면 '다시 일어나는' 과정에서 그 효과가 뚜렷하게 나타나게 될 것이다.

자기 점검

사고방식을 바꾸도록 노력한다

마음을 조용히 가라앉히는 일과 긍정적인 생각을 자신에게 적극적으로 들려주는 일은, 습관화되어 버린 부정적인 사고방식을 바꾸는데 커다란 효과가 있다.

1. 마음을 조용히 가라앉히고 편안한 생각을 갖도록 한다.

   앉거나 누워서 5분 내지 20분간 평온한 심정을 갖게 하는 그 무엇인가를 떠올려보라. 해변이나 어린 시절 뛰놀던 곳도 좋고, 꽃밭이나 그림에 있는 장면도 좋다. 구체적인 장면이 아니더라도 애정이나 온화함 등의 이미지를 느낄 수 있게 해주는 것이라면 무엇이라도 괜찮다.

   만약 이런 분위기와 상관없는 다른 생각이 떠오른다면, 잠시 그냥 놔두었다가 자연스럽게 사라지기를 기다려라. 그런 후에 다시 본래의 장면으로 돌아가라. 연습을 하면 할수록 수월하게 될 것이다. 억지로 필사적인 심정으로 하는 것이 아니라, 진정으로 느긋함을 느끼면서 마음을 평정시키는 것이 포인트이다.

2. 다음과 같이 기분을 밝게 하는 말을 반복적으로 해보라.

   · 자신을 신뢰하라.

· 나는 지금 나 자신에 대해 다정하고 사랑스런 감정을 품고 있다.

· 나는 주어진 하루하루를 열심히 살고 있다.

· 나에게도 굉장한 힘이 있다.

· 나는 무슨 일이든지 잘할 수 있는 능력이 있다.

· 나는 누구에게든지 사랑받을 수 있는 사람이다.

가족을 있는
그대로
바라보라

사람은 모태에서 출생하게 된 이후로 자신이 어머니와는 다른 인간이라는 것을 알게 된다. 또한 자신이 어떤 사람인지, 또한 삶의 의미는 무엇인지를 알고 싶어 한다.

우선 가까이 있는 가족이 최초의 선생님 역할을 하며 크게 영향을 미친다. 요컨대 가족을 통해서 애정이 무엇이며, 그것을 어떻게 표현할 수 있는가를 배우게 된다는 말이다.

일을 하는 것, 노는 것, 의사를 관철시키는 법, 친밀하게 지내는 것 등…… 모든 일에 있어서 판단하는 기준이 무엇이며, 잘못을 저질렀을 때는 어떻게 사죄하는가도 배우게 된다. 가족의 시점을 통해 인생에 대해 배우고, 가족과 비슷한 가치관을 가짐으로써 자신이 가족의 일원이라는 소속감도 갖게 되는 것이다.

가족이라는 것도 하나의 조직으로, 개개인이 미묘한 밸런스를 지니고 서로 간에 영향을 미치는 공동체다. 우리는 가족간의 관계에서 모든 것을 배우게 됨과 동시에 자신을 좋아하게 되는지 아닌지의 여부도 자연스럽게 느끼게 된다.

가족간에 애정과 경의를 지니고 있다면 항상 서로를 신뢰하면서 살아갈 수 있다. 나아가서 잘못을 저질렀을 때나 불안을 느낄 때, 걱정거리가 있거나 기분이 좋을 때, 낙심했을 때 등 그 어떤 때라도 당신은

'문제'를 지닌 사람은 있는 그대로의 자신을
용납해주지 않은 가정환경에서 자라난
경우가 많다. 부모가 알코올이나 마약 중독,
또는 폭력을 마구 휘두른 '일그러진 결손
가정'이라면 그 확률은 더 높아질 것이다.

'있는 그대로의 당신'으로 살아갈 수 있다.

애정이 넘치는 가정환경에서 살아가게 되면 '자기 자신과의 연결'을 유지할 수 있을 뿐만 아니라, 이것이야말로 인간에게 있어서 가장 중요한 것이라는 것도 배울 수 있게 된다.

대부분의 경우 '문제'를 지닌 사람은 있는 그대로의 자신을 용납해주지 않고 받아들여주지 않은 가정환경에서 자라났을 확률이 많은 것으로 나타난다. 양친(혹은 한쪽 부모)이 알코올 중독증이라든가 마약 중독, 또는 폭력을 마구 휘두른 '일그러진 결손 가정'이라면 물론 그 확률은 더 높아질 것이다.

그러나 이것은 표면상 극히 '정상적'으로 보이는 가정에서도 흔히 있는 일이다. 그러한 가정은 가족간의 관계가 무조건적인 애정 위에 구축되어 있지 않다. 가족 한 사람 한 사람이 충족되지 않은 욕구를 부둥켜안은 채 그 속에서 표출되는 트러블을 피하기 위해 어쩔 수 없이 그들 나름대로 적응하며 살아가고 있는 것이다.

극단적인 경우에는 아이들이 감정을 억누르거나 사실을 못 본 척하며 '연극'을 계속하는 것밖에 다른 방법이 있을 수 없는 가정도 있다. 이런 가정환경에 놓이게 되면 아이는 무엇보다도 본래의 자기 자신과 연결성을 갖지 못하게 된다.

대부분의 경우 아이들은 자신이 꿈꾸고 있는 이상화시킨 가족의 이미지를 붕괴시키고 싶지 않기 때문에 부모의 폭력 등을 정당화하려고 한다. 자신의 부모가 가족을 소홀히 여기고 업신여기는 문제 부모라는 사실이 견딜 수 없으므로, 그 괴로움을 느끼지 않도록 그 행위를 정당화하는 것이다. 유감스럽게도 그러한 마음의 조작이 습관화되면 다른 종류의 위험한 사고방식을 만들어내게 된다.

자신을 보호해 주고 키워주어야 할 사람이 자신을 상처 입히고 있다는 눈앞의 사실을 어떻게든 납득하기 위해, 그 이유가 자신이 나쁘기 때문이라고 믿으려 든다. 더 나아가 부모를 존경하고 싶은 마음이 있기에 자신을 나쁜 인간으로 간주하고, 자신을 비하시킴으로써 자신을 지키려고 하는 것이다.

이런 상황에 놓인 당신의 '문제'는 위험신호이다. 그러한 가정환경에서는 당신이 부모를 본받든지 또는 부모에게 반발하든지 간에 자신 나름대로의 독특한 독자성을 지니지 못한다. 다시 말해, 자신이 더 이상 자신일 수 없게 되는 것이다.

그렇다고 해서 지금까지의 괴로움, 생각하기 싫은 과거로부터 자신을 지키기 위해 언제까지나 '문제'에 매달려 있을 수만도 없는 노릇이다. 귀여움을 받고 싶고 사랑을 받고 싶었는데, 부모는 그것을 주지

아이들은 자신이 꿈꾸는 가족의 이미지를
붕괴시키고 싶지 않아서 부모의 폭력 등을
정당화하게 된다. 자신의 부모가 '문제 부모'라는
사실이 견딜 수 없으므로, 그 괴로움을 느끼지
않으려고 잘못된 행위마저 감싸는 것이다.

않았다. 가여운 어린아이인 자신을 돌봐주지 않은 부모 대신에 '문제'
에 매달려 그 욕구를 풀어보려고 한 것인데, 이는 애초부터 무리수였
던 것이다.

당신은 지금도 그 '문제'에 매달려 어떻게든 그 상황에서 자신을
구해 달라고 위험신호를 보내고 있다.

이럴 경우에 가장 바람직한 태도는 가족이 자신에게 끼친 나쁜 영향
을 사실 그대로 인정하고, 그런 다음 자신을 소중하게 여기는 마음을
토대로 건전한 가족관계를 새롭게 구축해 나가는 것이다.

가족에게 소외된 어린아이는 어떻게 자신을 비하시키게 되는가?

● 부모에게 받는 심한 처사를 정당화하기 위해, 자신은 이런 식의
대우를 받는 것이 당연한 일이라고 억지로 간주하려 든다. 그리하여
극히 사소한 일까지도 민감하게 받아들인다.

예를 들어 가족에게 무시를 당하게 되면, 그 즉시 자신은 무시를
당할 만한 존재에 지나지 않는다고 생각한다. 무슨 일을 해달라고
부탁받은 적도 없고, 무슨 일을 해도 칭찬받은 적이 없기 때문에 자신

은 아무 짝에도 쓸모없는 인간이라고 여기기 십상인 것이다.

언제나 엄격한 규칙에 얽매여 있다보면, 무엇이 좋고 무엇이 나쁜 지도 모르게 된다. 겁먹은 토끼처럼 움칠거리면 안 된다는 말을 늘 들어왔기 때문에 새삼 두려워할 필요도 없다고 느낀다. 부모는 늘 옳고, 과실은 오직 자신에게만 있다고 생각하기 때문이다.

● 자신이 정상이 아니라는 생각에 빠져들게 되면, 초라한 자신을 숨기려고 일종의 '연기'를 하게 된다. 또한 부모에 대한 애정을 표현하 기 위해 양친의 성격 중 좋은 면뿐 아니라 나쁜 면까지도 그대로 받아 들인다.

무의식중에 그렇게 되기도 하지만, 부모와 자신이 똑같다는 것을 자랑스레 과시하려고 그러는 경우도 있다. 그리고는 마치 운명이라는 듯이 '우리 아버지도, 할아버지도 알코올 중독자였기 때문에 나도 이 렇게 마실 수밖에 없다.'며 부모의 '문제'까지 끌어안으려 한다.

겉으로는 반항적인 태도를 보이지 않고, 그런 감정을 일부러 피하기 위해 역풍을 일으키지 않으려고 노력한다. 뿐만 아니라 다른 사람의 행동이나 표정을 보면서 다음에 어떻게 행동하면 좋을지를 결정하려 한다.

자신이 정상이 아니라는 생각에 빠져들게 되면,
초라한 자신을 숨기려고 일종의 '연기'를
하게 된다. 또한 부모에 대한 애정을 표현하기
위해 양친의 성격 중 좋은 면뿐 아니라
나쁜 면까지도 그대로 받아들인다.

자발성을 버리고 감정을 억누르면서 단지 정신적·육체적인 생존을 유지하려고 하는데, 그러는 사이에 본래 자기 자신과의 연관성을 상실하고 마는 것이다.

● 어느 단계까지 오게 되면 연극을 하고 있는 자신을 진정한 자신이라고 믿게 된다. 천성적으로 쓸모없는 인간으로 태어난 자신을 숨기려고 하며, 껍데기뿐인 자신을 오랫동안 그 위에 몇 층이나 덧씌워 왔으므로 거기에 또 다른 독자적인 '자신'이 생겨나게 된다. 하지만 마음은 왠지 모를 허무감에 시달리는 것이다.

그리하여 그 허무감을 충족시키기 위해 친구나 반려자, 아이, 일, 소유물, 자격, 종교 그리고 '문제'가 된 여러 가지 관계에 이상한 방법으로 집착한다.

대부분의 경우 자신이 찾고 구하려는 것이 무엇인지 모르고 있는데, 사실은 그것이야말로 상실해 버린 '자기 자신과의 연결성'인 것이다.

● 자기 이외의 가족이 남들 눈에 그럴듯하게 보이기 위해 외관상으로 연출하는 것을 보면서, 자신도 더더욱 '연기'에 의존하게 된다. 그리고 무슨 일이든 본심에서 우러나서 하는 것이 아니라, 남들의 눈을

의식하면서 그것을 '당연하게' 받아들이게 된다.

그런데다가 누구와도 본심으로 이야기를 나눈 적이 없으므로 가족과 함께 있으면서도 늘 고독하다. 뿐만 아니라, 가족 중의 누군가가 무시를 당하거나 학대받는 일이 있어도 전혀 손을 쓰지 못한다. 이따금 따뜻한 대우를 받기라도 하면 도리어 거북함을 느끼고, 어떤 경우든 자신을 비하시키려는 감정이 강하게 작용한다.

● 하지만 자신을 속인다는 것을 마음 한구석에서 느끼고 있기 때문에 이로 인해 더더욱 자신이 싫어질 수도 있다. '문제'로 피해 들어가 자신을 함부로 다루거나 자신을 기만하는 기술이 그럴듯하게 능숙해졌어도, 마음속에서는 여전히 자신을 물끄러미 응시하며 꾸짖는 음성이 들려오기 때문이다. 그것은 마치 '진정한 부모'의 음성과도 같은 것이다.

가족들의 참모습을 있는 그대로 인정하게 되면……

● 자신을 포함하여 가족의 진짜 모습을 있는 그대로 인정하게 되면,

가족의 실상을 받아들인다는 것은
자신의 과거 경험을 있는 그대로 인정하는
일임과 동시에, 아주 옛날에 단절된 자신의
내면과 재회하는 방법이기도 하다. 지난날의
환상에서 빠져나와 진실과 직면하는 것이다.

드물게나마 가족들이 보여주는 따뜻하고 배려 있는 행동이 무엇인지
에 대해 생각하는 계기가 될 것이다.

자신의 생각이 변화하면, 이번에는 자신이 부모가 된 셈치고 어린
시절에 받지 못했던 따뜻함, 배려, 신뢰감 따위의 애정을 자신이 스스
로에게 주면 어떨까……

● 가족의 실상을 받아들인다는 것은 자신의 과거 경험을 있는 그대
로 인정하는 일임과 동시에, 아주 옛날에 단절된 자신의 내면과 재회
하는 방법이기도 하다.

따라서 지금까지의 환상에서 빠져나와 진실에 직면한다는 것은 '분
명히 그랬어. 인정하고 싶지 않지만 사실인걸.'이라고 스스로에게 말
하는 것과 마찬가지이다.

다시 말해, 지금까지 부모가 자신에게 어떤 식으로 대해 왔건 간에
자신의 진정한 가치에는 아무런 변함이 없음을 확인할 수 있다는 것이
다. 지금까지 오랫동안 외면해 왔던 애정이 마음속에서 숨을 쉬고
있으니까 말이다.

● 있는 그대로를 받아들인다는 것은 과거뿐 아니라 현재의 자신을

인정하는 것이므로, 이것 역시도 내적인 자신과 연결짓는 기회라고 할 수 있다.

이 경우는 '나는 과거의 경험에 의해 영향을 받은 것이 확실하며, 아직까지 그 고통을 맛보고 있다. 하지만 나는 원래 가치 있는 소중한 인간이었으므로 앞으로는 내 자신을 소중히 여기면서 마음속에 있는 따뜻한 감정을 계속 키워가도록 노력하자.' 하고 스스로에게 다짐하는 것이 된다.

●있는 그대로의 현실을 인정하게 되면 가족과의 사이에 거짓 없는 정상적인 관계를 구축할 가능성이 생기게 된다. 물론 당신의 결심을 가족 누군가에게 털어놓으면 도리어 대립을 초래하게 될지도 모르는 일이다.

그리하여 가족들 중에는 진실이 명백하게 드러나게 되면 가족이 갈팡질팡하게 될지도 모른다고 염려하는 사람이 있는가 하면, 지금이 야말로 환상을 깰 때라고 환영하는 자도 있을 것이다.

아무튼 오래된 상처를 건드림으로써 영향을 받지 않을 사람은 없다는 말이다. 그리고 당신이 '다시 일어나는 데' 있어서 필요하다고 느낀 그 솔직한 심정을 모두가 똑같이 바라고 있다고만은 말할 수 없는

가족 간의 분노나 슬픔 따위를 속속들이
드러내는 것이 중요하다. 왜냐하면 상대방을
어설프게 용서한다는 것은 서로의 관계에서
일어났던 과거의 사건을 사실로서 충분하게
인정하지 않는 것과 다름없기 때문이다.

것이 사실이다.

그것을 명백하게 드러냄으로 인해 그때까지 친숙해 있던 가족의 관계가 완전히 무너져 버릴 가능성도 있다. 그러나 가족 모두가 지난날 일부러 눈을 감고 외면해 왔던 시련을 빠져나감으로서, 비로소 거짓 없이 서로를 존중하는 보다 충실하고 새로운 가족관계가 형성될 수도 있는 것이다.

• 진실에 맞서 대항하다보면 때로는 상대를 용서해야 할 경우가 생길 수도 있다. 하지만 원한이나 상처 입은 심정을 조금씩 제거시키는 사이에 상대방을 용납할 수 있는 기분이 들게 될지도 모른다. 이를 위해서는 당신이 진실을 이야기해야 한다. 그런 다음에 다른 가족이 이 사실을 인정하고 이해해 줄 필요가 있을 것이다.

분노나 슬픔 따위는 속속들이 드러내는 것이 중요하다. 왜냐하면 상대방을 어설프게 용서한다는 것은 서로의 관계에서 일어났던 과거의 사건을 사실로서 충분하게 인정하지 않는 것과 다름없기 때문이다. 혹은 그 이상으로 서로 간에 진실하게 마음을 터놓고 과거를 언급하는 것을 피하려는 도피가 될 수도 있다.

만약 그 동안 모른 척하고 덮어두고 있었던 사건이나 감정을 서로 간에 완전히 용납할 수 있다면, 그것은 무엇보다도 바람직스러운 일이며 가장 근사한 성과가 될 것이다.

● 그리고 마침내 진실을 전달함으로써 부모도 당신과 마찬가지로 '문제'를 안은 과거를 가진 '피해자'였을지도 모른다고 여기게 될 것이다. 당신의 부모도 자신이 어린 시절에 상처받은 사실조차 인식하지 못하고 지내오다가 그것을 무의식중에 당신에게 물려주게 된 것인지도 알 수 없으니까 말이다.

그 옛날 충분히 애정을 받고 성장하지 못한 까닭에 지금까지 상처를 입고 있는 당신의 마음속 '어린이'에게 상냥하게 대해 주도록 하라. 그리고 그 아픔을 말로 표현해 보라. 부모에게 직접 이야기를 하든 하지 않든 간에 그것은 별문제이며 그 '어린이'에게 마음의 고통을 표현해 보도록 시키는 것이다.

당신의 경우, 혹시 부모님이 이미 이 세상을 떠났음에도 불구하고 그 영향을 지금껏 받고 있는 것은 아닌지? 만약 그렇다면 돌아가신 부모님에게 편지를 써서 쌓이고 쌓인 마음의 생각들을 털어놓아도 좋을 것이고, 묘소나 사진 앞에서 원통함을 호소해 보는 것도 괜찮을

지금까지 상처를 입고 있는 당신의 마음속
'어린이'에게 상냥하게 대해 주도록 하라.
그리고 그 아픔을 말로 표현해 보라.
그 '어린이'로 하여금 마음의 고통을
겉으로 드러내 보도록 시키는 것이다.

것이다.

설령 부모가 살아계시지 않더라도 그 '대답'은 있을 것이다. 그것은
바로 당신의 마음에 변화가 일어났다는 것이 아닐까⋯⋯.

자기 점검

좋았던 과거를 회상하고 기분을 바꿔본다

다른 사람에 대한 배려의 마음이나 친밀감은 자신에 대한 호감까지 높여주지만, 원한이나 비난의 마음은 자신을 좋아하는 마음까지 위축시켜 버린다.

이 자기 점검은 당신의 사고 패턴에 변화를 주어 지금 생각하고 있는 마음가짐을 바꾸도록 하는 데 그 목적이 있다.

여기에서는 가족의 문제를 예로 들고 있으나, 다른 경우에도 이 방식은 응용할 수 있다.

1. 과거에 부모로부터 어떤 부당한 대우를 받음으로써 마음에 상처를 입은 사건을 상기해 보라.

   (예 : 내가 울음을 그치지 않자 아버지가 발로 걷어찼다.

   ― 이하, 이 예를 따라 이야기를 진행시킨다.)

2. 그 직전에 어떤 일이 있었는가?

   (예 : 친할머니가 돌아가셨으므로 나는 훌쩍거리고 있었다.)

3. 그때의 상황과 당신의 생각이나 느낀 것 등을 언급해 보라.

(예 : 할머니의 아파트에서 아버지는 할머니의 유품을 정리하고 있었다. 나는 할머니가 돌아가셨다는 사실이 말할 수 없이 슬프고 무서웠다. 그래서 울면서 바닥에 앉아 있었는데 아버지가 호통을 쳤다. 그래서 나는 더욱더 슬퍼져서 큰 소리로 울었다. 그랬더니 아버지는 나를 걷어차고 날 혼자 내버려두고 나가 버렸다.)

4. 그 당시 부모님이 어떻게 대해 주기를 원했는가?

(예 : 따뜻하게 위로해 주기를 원했다.)

5. 어째서 그런 대우를 받지 못했을까?

(예 : 아버지께서는 그 당시 자신의 슬픔에서 어떻게 헤어나야 할지 몰랐으며, 나를 어떻게 달래줘야 할지 몰랐던 것 같다.)

6. 그때로 돌아가서 아버지가 당신을 위로해 준다면 어떻게 하겠는가?

(예 : 아버지의 마음속을 이해해 드리지 못한 것을 미안스럽게 생각한다. 그때의 스트레스와 슬픔에 애가 타고 초조하여 자제심을 잃고 있었다고 생각하므로 나를 걷어찬 일을 용서해 드리겠다. 그리고 어린 나에 대해서는 부모로부터 방치된 채 위로를 받지 못했으므로 가엾게 생각한다.)

당신을
노리고 있는
사람들을
조심하라

다른 사람들의 '마음의 병'을 장삿거리로 이용하고 있는 사람들이 있다. 그들은 매스컴을 이용해서 교묘하게 자존심을 건드려 우리를 조종하려 든다.

일시적인 해결책으로써 '문제'에 의존하고 있는 사람들은 특히나 이런 것에 영향을 받기가 쉽다. 그들은 팔려고 하는 것이 상품이든 사람이든 편협된 종교나 사상이든 간에, 이것으로 인해 자신의 인생이 멋진 것으로 변화되리라는 말을 듣게 되면 곧 그대로 믿어 버리는 경우가 많다.

사람들은 누구나 할 것 없이 자신감을 상실하지 않길 원하며, 늘 꿈과 희망과 긍지 등을 지니면서 유쾌한 기분으로 살아가기를 원한다. 특히나 이러한 욕구가 강한 자본주의의 세계에서는 이런 점을 역이용하여 거대한 이득과 권력을 얻으려는 사람들이 적지 않다.

한 사람 한 사람의 재력은 그리 대단한 것이 아니라 할지라도 그것을 합치게 되면 대단한 규모가 되므로 광고업계나 연예계·종교계·정치계 등에서는 그것에 대한 매력을 저버리지 못하고, 매스컴을 활용하여 이미지 상술로써 교묘하게 우리를 공격하고 있는 것이다.

그러한 이미지 상술을 무조건적으로 받아들이게 되면, 개인적이면서 자발적인 판단을 점점 잃어가게 된다. 그리하여 자신도 모르는

사이에 무력감이나 허무감, 열등감 등만 키울 뿐 자존심을 차츰 상실
하는 결과를 맞이하고 만다.

현대 생활에서의 주된 전달 매체는 텔레비전이라고 해도 과언이
아니다. 텔레비전은 이미 오래전부터 온갖 정보를 오락과 뉴스, 다큐
멘터리, 광고 등의 이름으로 포장해 우리의 감정을 마음대로 휘젓고
있다. 행복한 가족상(像), 영웅상, 실제 이상으로 과장한 리더상 등을
만들어내어, 그것을 진실이라도 되는 것처럼 묘사해서 보여준다.

거기에는 현실과는 동떨어진 '이상'이 과장되어 있음에도 불구하고,
우리는 무심결에 그만 그것과 자신을 비교하곤 한다. 그리하여 텔레비
전을 보는 시간이 길면 길수록 자신과의 갭이나 갈등이 커지게 되고,
반비례로 충족감은 적어지게 되는 것이다.

상품 광고 역시 그러하다. 우리는 늘 끊임없이 유혹하고 협박(?)하
는 선전에 시달리고 있다. 그것들이 암암리에 말하려고 하는 것은
당신들은 근본적으로 어딘가 부족하며 잘못되어 있으니 이 상품을
구입하여 좀 더 행복하고, 좀 더 건강하게 또는 좀 더 근사하게, 좀
더 섹시하게, 좀 더 여유롭고 풍요롭게 살라는 것이다.

설사 광고라는 것이 그런 것인 줄 알고 있다 해도, 이들의 영향을
무심결에 받게 된 사람들은 자신에게 무엇이 부족한지를 살펴보곤

한다. 내 치아가 누렇지는 않은지, 머리카락의 윤기가 없지는 않은지, 몸에서 나쁜 냄새가 나지는 않은지, 지나치게 뚱뚱한 것은 아닌지, 혹은 좀 더 근사하고 멋진 자동차를 새로 구입해야 하지 않을까 등으로 고민하게 된다는 말이다.

그리하여 있는 그대로의 자신으로 안주하고 있으면 안 된다는 생각을 갖게 되고, 이런 생각이 부추겨짐에 따라 점점 자신감을 상실하게 된다.

하지만 무엇보다도 잔혹한 충격을 맛보게 되는 것은, 상대방이 권하는 대로 그 상품이나 주장을 받아들였음에도 불구하고 끝내 자신이라고 하는 인간이 전혀 변하지 않는다는 것을 깨달았을 때다. 이전부터 다른 사람들보다 부족한 점이 있었는지 모르나, 무슨 일을 시도해봐도 아무 소용없을 만큼 쓸모없는 사람이 아닌가 하는 생각이 들어 정말로 낙심할 수도 있는 것이다.

이처럼 우리는 보편적으로 이상화된 이미지가 현실 그 자체가 아님을 인식하지 못하는 경우가 적지 않은데, 한시 바삐 그러한 인식에서 벗어나는 것이 현명한 처사다.

잡지 광고에 실려 있는 모델의 사진은 최고의 조명과 배경이 세트된 곳에서 촬영한 것이며, 수백 장 찍은 것 중에서 제일 잘된 한 장만을 고른 것일 뿐 아니라 거기에 수정까지 가한 것이다. 얼굴의 주름은 지워지고 모공은 에어브러시로 처리되어 있으며 피부색도 밝게 연출되어 있다(물론 텔레비전 광고에 소비되는 시간과 돈에 비교한다면, 제아무리 수고와 돈을 들인 잡지 광고라 해도 대수로운 금액은 아니다).

또한 광고의 모델들이 사진에서 보는 것처럼 실제로 완벽한 얼굴을 하고 있는 것도 아니며, 텔레비전 드라마에서 연출하고 있는 배역처럼 행복하게 사는 것도 아니다. 이러한 모델들도 평범한 사람들처럼 그와 흡사한 문제를 안고 있으며, 개중에는 그녀들의 '상품'인 아름다운 스타일을 유지하기 위해서 혹독한 다이어트를 시도한 결과 식사 장애라고 하는 '문제'로 고생하고 있는 사람들도 적지 않다.

그러나 이러한 광고에 출연하는 모델 중에는 우리가 일평생 땀을 흘리며 벌어도 손에 넣을 수 없을 만큼의 엄청난 금액을 청량음료나 화장품 광고 하나로 손에 넣는 사람도 있다는 것이다. 그리하여 사람들은 알게 모르게 연예인과 그들이 소유하고 있다고 여겨지는 화려한 세계를 동경한다.

하지만 우리 같은 평범한 직업인으로서는 아무리 성공한다 할지라도 그들과 같은 수준에 오를 수 없다는 것을 잘 알고 있기 때문에, 그들이 우리에게 주는 것은 초라함과 상실감뿐이다.

그래서인지 우리는 유명인의 '실상'을 더럽히는 온갖 스캔들에 대단한 흥미와 관심을 갖게 된다. 영화배우가 이혼을 했다든가 축구선수가 마약 중독자였다는 뉴스를 듣게 되면 득의의 미소를 짓기도 하는데, 이것은 일종의 비도덕적인 감각의 반응이다.

이러한 반응은 그들이 우리가 생각한 것만큼 행복하지 않다는 사실을 알고는 좋아하는 것일 텐데, '그것 참 고소하다.'라는 생각을 품는다고 해서 우리의 기분이 좋아지는 것도 아니고 우리의 삶이 달라지는 것도 아니지 않은가.

텔레비전 뉴스 또한 흥밋거리를 즐기는 시청자들의 비위를 적당히 맞춰주는 것으로 짜여져 있기는 마찬가지다. 때문에 이것 역시도 우리 자신을 높은 수준으로 끌어올리는 데 도움이 되지 못한다.

뉴스는 언뜻 보기에 매일 매일의 사건을 객관적으로 전달해 주는 듯이 보이나, 사실은 사람들을 광고에 못 박아두는 능숙한 역할이 본연의 임무일 수도 있다. 텔레비전 프로가 이익을 추구하는 거대한 오락산업의 일부라는 사실을 간과하지 않으면, 답은 간단하다.

뉴스 프로는 많은 사람들이 관심을 가질 만한 이야기와 선정적인 정보를 주요 골자로 하여 5초에서 30초 정도의 짧은 시간에 전하는 방식으로 이루어져 있다.

만약 어떤 영화 스타가 한 미혼모로부터 '자신의 아이의 아버지'라는 고소를 당했다는 뉴스와 어느 나라 국경이 침략 당했다는 뉴스가 있을 경우, 영화 스타의 뉴스와 국경 침략의 뉴스의 보도 시간이 거의 같은 경우가 대부분이다.

우리는 이러한 뉴스 프로를 통해 흥미를 충족시키는 반면, 당신네들 (시청자들) 수준에 맞추어 아주 재미있게 보도하고 있다는 식의 뉴스 담당자들의 태도도 느끼게 된다.

하지만 몹시 중요하고 무거운 문제나 정보를 너무 간단하고 가볍게 보도해도 시청자인 우리는 불만족스러워 한다. 정보를 얻으려 하기보다 흥미를 충족시키고 싶어 하는 기분을 우선시하는 스스로가 사회에 무관심하고 태만한 계층의 당사자라고 느껴져 불쾌하기 때문이다.

그러나 대다수의 신문이나 잡지, 기타의 매체도 비슷하다. 이런 것들이 전하는 뉴스는 대부분 그다지 시간을 들이지 않고도 정보를 얻고 싶다는 욕망에 편승된 것으로 채워져 있다. 이렇게 되면 중요한 뉴스를 몇 초의 짧은 시간에 다 독파한 후, 그 후의 남는 시간은 스포츠나 만화 등의 가벼운 것으로 눈을 돌리게 할 수 있다는 계산이 깔려 있기 때문일 것이다.

칼라 사진에 유행하는 기발한 일러스트, 게다가 기상천외할 만큼 놀라운 기사가 실려 있으면 독자들은 잇달아 페이지를 수월하게 넘기며 광고에도 눈길을 준다. 그러면서 우리는 또다시 자신이 별 볼일 없는 존재이며, 모두가 하고 있는 일에도 끼지 못하는 하찮은 인간임을 느끼게 된다.

이외에도 또 있다. 건전한 민주주의의 확립을 위해서도 사람들은 정치나 경제 등 여러 가지 정세에 관심을 갖고 자기 나름대로 생각하며 자신의 의견을 갖기 위해 시간을 들일 필요가 있다. 하지만 선거 때마다 투표하는 사람의 숫자가 감소하는 추세에서도 알 수 있듯, 유감스럽게도 이런 당면한 문제를 받아들이려 하지 않고 있다. 많은 사람들이 깊이 생각하는 일 자체를 귀찮아하면서 회피하고 있기 때문이다.

결과적으로, 우리는 매스컴 등 모든 매체를 통해 즐거움을 누리고 싶다는 일념으로 스스로의 권리를 '이미지'에 염가 매출하고 만 것이다.

매스컴도 이를 의도했는지 아닌지는 알 수 없으나, 선거에 나서는 후보자들까지 공모하여 정치적으로 논의되어야 하는 사안과는 아무런 관계도 없는 것에 필사적으로 매달려 자신들의(후보자들의) 인상을 좋게 심어주는 데만 혈안이 되어 있다. 예를 들자면 텔레비전 뉴스를 통해 국가나 세계 평화와 관련된 중요한 정보를 제공하는 대신에, 소프트볼을 하고 있던 대통령이 기자들을 향해 손을 흔들어주고 있는 영상을 일방적으로 우리에게 보여주고 있지 않은가.

결국 우리는 대통령을 뽑을 때도 텔레비전에서의 3초간 웃는 얼굴과 선거용 광고, 연예인의 지지와 후보자의 언변 좋은 그럴듯한 문구에 의해 선택하게 되는 것이다. 왜냐하면 닳고 닳은 선거운동 전문가나 정보 프로의 제작자들은 우리가 어려운 정치문제를 알려고 하지 않는 것은 물론이고 이해하려는 노력 따위도 전혀 하지 않는다고 여기고 있기 때문이다.

사정이 이러하니, 우리가 자신을 무력하게 느끼는 것도 당연하고 자신이 낮은 수준의 인간으로 느껴지는 것도 이상한 일은 아닐 성싶다.

물론, 매스컴과 그것을 이용하는 사람들이 모두 악한 사람이라는 뜻은 아니다. 오락은 극단적으로 치우쳐 즐기지만 않는다면, 우리 생활에 반드시 필요한 것이며 중요한 것이다. 게다가 텔레비전이나 뉴스프로는 너무나 소중하고도 중요한 정보를 제공해 주고 있다.

광고업계도 마약에 반대하는 캠페인을 벌이거나 에이즈에 관한 정보를 전해 주기도 하며, 의미 있는 많은 활동의 지지를 촉구하기도 한다. 그리고 이외에도 귀중한 공헌을 많이 하고 있다.

또한 연예인들 중 일부도 자선가로서 이 사회에서 중요한 활약을 하고 있다. 그리고 유권자의 반수 이하에 의해 선출되었더라도, 대부분의 정치가는 시민을 대표하여 훌륭한 일들을 수행하고 있다.

매스컴이 부여해 주는 이미지로부터 탈피하여 영향을 받지 않으면 자신을 좋게 생각할 수 있게 된다. 그렇게 되는 지름길은 자신의 장점, 자신의 의견, 가치, 창조성, 감정 그리고 경험 따위를 존중하는 일이다.

그러기 위해서 진실을 소중히 여기도록 애써라.

물론 느긋한 기분으로 편안하게 즐긴다는 생각도 필요한 일이다. 하지만 동시에 매스컴의 공격에 의해 우리가 얼마나 커다란 영향을 받고 있는지, 또한 그렇지 않아도 나약한 자기애가 이로 인해 얼마나 약해졌는지도 자각해야 할 것이다.

뿐만 아니라, 정체를 드러내지 않은 채 당신을 들쑤시려 하는 무리들을 조심하라. 그러기 위해서 과대광고의 이면까지 꿰뚫어보기 바란다. 또한 이들의 이미지가 지니고 있는 무서운 힘에 지지 않기 위해서라도 자신을 강하게 이끌어 가야만 한다는 사실을 잊지 않기 바란다.

자기 점검

자신이 강해지는 10가지 방법을 찾아본다

사람은 누구나 적극적인 행동을 취함으로써 자신감을 가지게 되며, 그것을 바탕으로 삼아 자신을 표현할 수 있게 된다. 자신의 생각이 보다 확고해져야만, 상업적인 유혹과 페이스에 말려들지 않고 살아갈 수 있다는 말이다.

그것은 '내 자신에게 무엇이 중요한지를 스스로 결정할 수 있다. 또한 내 자신과 나의 세계를 소중히 여기며, 이 세상에는 오직 나만이 할 수 있는 일이 존재한다.'라고 당당하게 자신을 주장하는 것과 다름 없다.

다음 항목 중에서 당신이 실천할 수 있는 것을 선택해 보라.

1. 당신의 '문제'가 이미지에 의해 직접 영향을 받고 있다면, 그것을 반격해 보라.

   가령 당신에게 식사에 관한 '문제'(예를 들자면, 강박성 충동 식욕이라든가 폭식증)가 있을 경우, 잡지나 신문에서 체중이나 체형, 음식물에 대해 당신이 나쁜 감정을 품게 될 만한 광고나 사진, 기사를 발견하게 되면 곧 외면해 버리는 것도 한 방법이다.

2. 즐겨 보는 오락 프로의 내용에 주의하라. 자신이 어떤 식으로 선동

되고 있는지를 알고 있다면, 그만큼 그 영향에서 피할 수 있다. 그 프로의 책임자에게 전화를 걸거나 투서 등을 통해 의견을 전해 보라. 텔레비전 방송국 등에서는 특히나 시청자의 의견에 민감하므로 어째서 그 프로를 보고 싶지 않은지를 알려준다면 효과가 있을 것이다.

3. 텔레비전에 의해서 자신의 기분이 어떻게 조절되고 있는지를 잘 관찰해 보라. 또한 행복이라든가 정열, 그리고 평안함 등의 감정이 여러 가지 목적의 선전 수단으로 사용되고 있다는 점에 유의하라. 그러므로 보아야 할 프로를 잘 선정하여 내용이 마음에 들지 않으면 곧 채널을 돌리도록 하라.

4. 감정을 거슬리게 만드는 상품은 보이콧해 보라. 그리고 광고주에게 그 상품을 사지 않겠다는 의사와 그 이유를 전하라. 아울러 물건 구매 방법을 재검토해 보기 바란다.
광고주는 상품 판매를 위해 그 브랜드의 지명도를 높이는 일에 주력하고 있다. 무심결에 그 브랜드의 물건에 손을 댔다면, 구입하지 말고 다른 상품으로 바꿔 선택하도록 한다.

5. 정보를 다른 방법으로 얻을 수는 없을까? 지금까지 대부분의 정보를 텔레비전이나 주간지 등을 통해서 얻고 있었다면 라디오 교육프로나 소비자 단체의 정보지, 또는 요란하지는 않더라도 그 의견에 찬성할 수 있는 지역신문 등을 참고해 보는 것은 어떨까?

6. 문제의식을 지니고 의견을 말해 보라. 문제의 소지가 있는 지나친 상법(商法)이 눈에 띈다면 법률에 종사하는 사람에게 연락을 취하여 의견을 전하든가, 동일한 목표를 갖고 있는 의원의 정치활동에 참가해 보라.

7. 당신이 의의가 있다고 생각하는 프로젝트를 지지하고 있는 연예인들에게 격려의 편지를 써보라.

8. 환경문제에 관심을 갖자. 가령 열대우림이 파괴되고 있는 일과 오존층에 관한 일 등을 알아보고, 가능한 한 플라스틱을 사용하지 말고 재활용할 수 있는 것을 철저하게 이용하자.
재활용을 장려하며, 무관심한 사람이나 관심이 있더라도 실행하지 못하고 있는 사람에게 도움을 주는 것도 좋은 일이다.

9. 당신이나 주변 사람들에게 직접 영향력을 끼치게 되는 지역 활동에
   참가하는 것도 바람직하다.
   시간이나 돈을 기부해 보라. 형편이 어려운 이웃이 있다면 손길을
   뻗어 도움을 주는 일도 보람 있는 일이다.

10. 이 리스트를 복사하여 친구들에게 나눠주자.
    또한 게시판이나 냉장고 등에 붙여두고 실천해 나가자.

좋은 동료,
친구를
만들어라

당신이 '문제'에서 좀처럼 빠져나오지 못하는 원인 중 하나는 지금까지 당신이 사귀어 온 친구나 동료에게도 있다. 혹시 당신 주변에는 당신의 '문제'를 어떤 식으로든 도와주려는 사람이 거의 없었던 것은 아닌가?

지금까지 밝은 사고방식이나 긍정적인 언어, 내적인 음성, 따뜻한 배려, 솔직함 등 당신에게 좋은 영향을 끼칠 만한 것들을 항상 주변에 지니고 있어야 한다고 이야기해 왔다. 하지만 좋은 사람들과 교제하는 일이 당신의 재기와 당신 자신을 좋아하게 만드는 일에 효과가 있음은 아직 언급하지 않았다.

생각해 보라. 함께 술 마시기를 즐기는 친구가 술을 끊도록 당신에게 권할 리는 없다. 그러나 이제는 누군가가 당신에게 말을 해줘야 하고, '다시 일어나기' 위해서는 아무래도 주변 사람들의 도움이 필요하다.

당신은 단 한 사람이라도 좋으니 당신을 믿어주고 당신만의 독특한 장점을 알아주는 사람, 당신이 잘못을 범해도 긴 안목으로 지켜봐줄 수 있는 사람, 그리고 서로 간에 솔직하게 이야기를 나눌 수 있는 사람을 친구로 가져야 한다. 그런 친구와 함께 있으면 이전에 자주 느꼈던 것처럼 자신이 그렇게 고독하지 않다는 것을 깨닫게 되면서,

> 술 마시기를 즐기는 친구와 함께 있을 때가
> 가장 편안하고 기분이 좋았다 하더라도
> 이제는 달라져야 한다. '다시 일어나는 데'
> 방해가 되는 친구와는 교제하지 않는 것이
> 좋으며, 그런 우정은 차라리 없는 편이 낫다.

더욱 분발해야겠다는 생각이 강하게 솟구칠 테니 말이다.

'다시 일어나기' 위해서는 지금까지 교제해 왔던 사람들과의 관계를 정리해야 한다. 여기에는 고통이 분명히 따를 테지만 감수해야 한다.

또한 동료나 친구도 없이 지내면서 오로지 '문제'만이 유일한 교제 상대였다면 이제부터는 다른 상대를 찾아야 한다. 함께 술 마시기를 즐기는 친구와 더불어 있을 때가 가장 편안하고 기분이 좋았다 하더라도 앞으로는 달라져야 한다. '다시 일어나는 데' 있어서 방해가 되는 친구와는 교제하지 않는 것이 좋으며, 그런 우정은 차라리 없는 편이 낫다.

만약 지금까지의 삶의 태도에서 벗어나려는 의욕을 갖고 있다면 주변 사람들과 교제하는 방법이 지금까지와는 달라지겠지만, 우정 그 자체는 지속될지도 모른다. 하지만 무엇보다도 우선시되어야 하는 것은 플러스가 되는 친구를 갖는 일임을 잊지 말아야 한다.

전문가에 의해 치료를 받는 일도 아주 좋은 방법이다. 순수하게 사랑을 얻는 것은 아닐지라도, 돈을 지불함으로써 당신을 다시 일으켜 주는 역할을 하는 사람과 함께 있을 수는 있을 테니 말이다.

심리요법 치료는 우선 당신의 욕구를 소중히 여기면서, 안심할 수 있는 장소에서 느긋한 마음으로 편안하게 솔직해지는 훈련과 함께 마음의 고통에 대처하는 새로운 방법을 가르쳐줄 것이다.

치료 방법이나 전문가를 선택할 때도 친구와 마찬가지로 함께 있을 때 마음이 편안해지는 의사나 심리치료사를 택하는 것이 중요하다. 그래야만 당신의 인생, 당신 자신을 좋아하게 되는 것, 당신이 '다시 일어나는 데' 도움이 될 수 있기 때문이다.

아무쪼록 좋은 친구를 발견하도록 노력하라. 비슷한 처지에서 '다시 일어나고' 싶어 하는 사람들과 사귀는 것도 한 방법이다.

그러기 위해서는 서로 격려해 주는 단체에 들어가든지, 비슷한 경험을 나눌 수 있는 동료를 만들어보는 것이 필요하다. 카운슬링 모임을 통해 의견을 나누든지, 좋은 강연이나 자기 개선에 대한 강연을 듣는다든지 하는 것은 매우 바람직한 일이라고 생각된다. 기독교이든, 유교이든, 불교이든 교회나 집회 등에 가보는 것도 하나의 방법이지만, 종교는 전통 있는 종파를 선택해야 하는 등으로 신중을 기해야 한다.

좋은 동료나 친구를 사귀기 위해서는 당신이 먼저 상대에게 다가가는 노력도 필요하다. 상대 쪽에서 먼저 말을 건네 오기를 기다리지 말고, 당신이 먼저 미소를 띠고 이야기를 걸어보라. 그러고 나서 상대의 입장을 배려하며 묵묵히 이야기를 들어라. 그리하면 상대는 당신이 생각한 것 이상으로 호의를 가질 것이고, 그러다보면 우정 또한 자연

> 눈을 감고 '내적인 자신'을 들여다보라.
> 그리고 당신을 성장시켜줄 만한 인간관계를
> 구축해 나가라. 좋은 친구는 '다시 일어나는
> 것'을 도와줄 뿐 아니라, 자신을 좋아하게
> 만드는 데도 힘이 되어줄 것이다.

스럽게 싹트게 될 것이다.

하지만 뭐니 뭐니 해도 가장 소중하게 교제를 이루어나가야 할 상대는 다름 아닌 바로 당신 자신이다. 자신에 대해 좋은 상대가 되도록 노력해 보는 것이 무엇보다 필요하다는 얘기다.

그 첫걸음으로 크게 웃어보라. 웃는 것이 어색하다면 재미있는 유머집을 구입해서 읽든지 대중적인 콘서트에 가서 여러 사람과 어울려 스트레스를 풀든지, 코미디 영화를 보든지, 아니면 거울 앞에서 갖가지 표정을 연출해 보라. 그러고서 굳어진 몸과 마음이 어느 정도 풀리면 답답했던 가슴이 뻥 뚫릴 정도로 '아하하, 히히히, 호호호.' 하고 몇 번이고 웃어보라.

크게 소리를 내어 다섯 번 정도 웃어보고 나서 기분이 어떻게 변화하는지를 잘 관찰해 보라. 스스로가 괜찮은 사람이라고 느껴지면서 조금씩 자신이 좋아질 것이다. 왜냐하면 자신을 위해 그렇게 애를 쓰는 모습이 스스로 대견스럽고 사랑스럽게 다가오기 때문이다.

자기 자신에게 마음이 열리면 혼자서 충실하게 시간을 보내라. 음악을 듣거나 미술관을 찾아가서 마음에 드는 그림을 보거나 기분을 고양시켜 주는 책을 읽는 등으로 언젠가 꼭 해보고 싶었던 일을 하고 나면, 크든 작든 스스로 만족감을 얻게 될 것이다.

또한 실제로 소리를 내서, 혹은 종이에 메모해 가며 자신과 대화해 보라. 5분간 거울 앞에서 찬찬히 자신을 관찰하면서, 눈 속까지 들여 다보는 것도 한 방법이다.

거기에 비춰져 있는 것이 누구인가? 그 속에서 자신을 바라보고 있는 바로 그 사람과 대화를 나눠라.

다음에는 눈을 감고 '내적인 자신'을 주시하며 자신이 누구인지를 들여다보라.

그러고서 정신적으로든, 육체적으로든, 감정적으로든 당신을 성장 시켜줄 만한 인간관계를 구축해 나가라.

좋은 친구를 갖게 되면 '다시 일어나는 것'을 도와줄 뿐 아니라, 자신 을 좋아하게 만드는 데도 힘이 되어줄 것이다.

'좋은 친구와 마음을 터놓고 지내자.'라고 항상 자신에게 일러주기 바란다.

자신의 주변에 어떤 사람들이 있나 살펴본다

1. 자주 함께 있는 친구의 이름을 5~10명 정도 들어보라.

2. 그 동료 중에서 당신이 '다시 일어나는 것'을 반대하는 사람은 누구 인가? 그 사람은 어떤 식으로 반대하고 있는가?

3. 그 사람들과의 교제를 끊을 생각은 있는가?

4. 당신이 '다시 일어나는 것'을 어떻게든 격려해 주고 있는 사람은
   누구인가? 그 사람은 어떤 식으로 당신을 격려해 주는가?

5. 함께 있으면 마음이 편안하고 즐겁게 여겨지는 사람이 있는가?
   그런 사람이 있다면, 그 사람은 누구인가?

사랑을 실천하라

짤 막하게 요점부터 간추려보면, '다시 일어나는 데' 있어서 무엇보다 중요한 것은 '사랑한다.'고 하는 생각을 실천하는 일이다.

사랑은 다른 사람들의 눈을 의식하여 자신을 보호하기 위해 몇 겹씩이나 걸치고 있던 갑옷을 꿰뚫고 나온다. 그리고 자신이 결점투성이가 아니라 참으로 훌륭한 사람이라는 것을 가르쳐준다.

당신이 무엇인가를 할 때 그것이 애정에서 나온 행위라면, 당신은 인간의 본질에 기인하여 행동하는 유형의 사람이라고 할 수 있다.

자신이나 다른 사람을 사랑하는 일이 가능해지면 배려, 창조성, 유머, 선량함, 의욕 등으로 자신의 마음을 충분하게 채울 수 있다고 여기게 된다. 그리고 자신은 분명히 가치 있는 존재라는 것을 새삼 인식하게 되어, 스스로를 자신의 인생에 적극 캐스팅하고 싶어질 것이다.

사랑이란 어떤 것일까, 그것을 어떻게 실천하는 것이 좋을까?

● 다른 사람에게 사랑을 주든, 사랑을 받든 간에 사랑하는 일에 열정을 품으면 품을수록 더더욱 여러 가지 사랑을 경험하게 된다.

오직 한 사람, 혹은 가족이나 친구에게
한정할 필요는 없다. 사람이든 물건이든
자연이든, 그 무엇이든 좋다. 영화배우,
낡은 차, 선생님, 바다, 음악……. 사랑이란
대상이 그 무엇이든 가능한 것이다.

● 사랑하는 일은 호흡하는 것과 마찬가지로 누구나 다 본능적으로 그것이 어떤 것인지, 그것을 위해서 어떻게 하면 좋을지를 알고 있다.

경우에 따라서 당신은 지금까지 단 한 번도 경험하지 못했다든가 혹은 어떻게 하면 좋을지를 잊어버렸다고 생각하고 있을지도 모른다. 하지만 어떤 방식으로든 표현은 가능하다.

애정의 표현법이 어색하게 여겨질지라도 초조해하지 않아도 된다. 반드시 만점일 필요는 없으며, 단지 체념하지 말고 계속 그 감정을 유지하는 것이 중요하다.

● 사랑은 말이나 연인끼리의 포옹, 부모의 자식에 대한 마음에만 존재하는 것은 아니다. 그것은 당신 마음속에서 나오는 것이다.

지금까지는 '문제'가 걸림돌이 되어, 다른 사람에게서 사랑받는 일이나 자신이 남에게 주는 것도 방해하고 있었을 뿐이다.

● 사랑이란 결코 완전히 소비하는 일이 없다. 아무리 퍼주어도 한이 없는 것이다. 사랑하는 대상을 오직 한 사람에게(섹스를 가리키는 것이 아님), 혹은 가족이라든가 친구에게만 한정할 필요는 없다. 사람이든 물건이든 자연이든, 그 무엇이든 좋다. 영화 스타이든, 낡은 차이든, 선생님이든, 바다든 산이든, 영화든, 음악이든……. 이 정도면 이해가 됐으리라 생각한다. 대상이 그 무엇이든 사랑할 수 있다는 말이다.

●사랑은 선택하는 일이기도 하다. 순간순간 당신에게는 미워하기보다 사랑하는 쪽을 선택할 찬스가 주어져 있는 것이다.

자신에 대한 사랑

●'문제'가 완전히 없어지자 놀랍게도 그때부터 자신을 사랑할 수있게 되었다는 식의 이야기는 성립하지 않는다. 자신을 사랑한다는 느낌은 좋은 점이나 나쁜 점까지를 모두 포함하여 지금의 자신을 있는 그대로 받아들일 때 비로소 생겨나는 것이다.

'문제'에 소비한 시간을 자신에게로 돌려서, 어떠한 때라도 자신의 가치를 인정하며 그 느낌을 실행해 나가도록 하라.

●과거가 어떠했든, 어떤 '문제'를 지니고 있든, 자신은 소중하고 중요한 인간이란 사실을 확신하고 사랑하는 일을 실행해 보도록 하라.

자신이 소중하다는 것을 자각하기 위해서 그것을 몇 번이고 되풀이하여 자신에게 타이르고, 그 구체적인 이미지를 머릿속에 그려보라.

●'내적인 음성'에 귀를 기울여라.

그 음성은 항상 당신을 최선의 방향으로 이끌어줄 것이다. 그 음성

'문제'가 없어지자 놀랍게도 그때부터
자신을 사랑할 수 있게 되는 것은 아니다.
자신을 사랑한다는 느낌은 좋은 점이나
나쁜 점까지를 모두 포함해 지금의 자신을 있는
그대로 받아들일 때 비로소 생겨나는 것이다.

에 순종했을 때 당신은 비로소 자신의 판단을 신뢰할 수 있게 되며, 동시에 자신이 올바른 일을 하고 있음을 알게 된다.

● 매일 몇 분간 명상에 잠김으로써 끊임없이 솟구쳐 나오는 잡념을 잠재우고, 마음속에 '바람직한 생각'을 채워라.

복잡한 생각들이 쉽게 잠잠해지지는 않겠지만, 연습을 계속하면 잡념에 유혹되지 않고 마음속의 '사랑의 원천'과 연결됨을 느낄 수 있게 된다.

● 여유 있는 마음으로 휴식을 취하는 것도 자신을 소중히 여기는 한 방편이다. 일 등을 잊고 건전한 여가를 보내라.

가령 저녁 식사를 하러 외출한다든지, 텔레비전을 잠깐 본다든지, 산책을 한다든지, 요가를 하거나 노래를 부르든지, 자기최면이나 기수련을 하는 등으로 자신에게 적절한 방법을 찾아보도록 한다.

● 자신에게 관대하고 너그럽게 대해 보라.

갖고 싶어 하던 물건을 구입해 보는 것도 좋다.

혹시 사치하는 것은 아닐까 하고 두려워 말라. 당신은 그럴 만한 가치가 있는 존재이니까……

● 당신의 체형이 어떠하든 상관하지 말고 자신의 신체를 소중히 여겨라. 당신의 신체는 충분한 손질을 가할 만큼의 가치가 있다. 영양

있는 음식을 먹으며, 느긋하게 따뜻한 탕에 들어가 앉아 있기도 하고, 샤워를 하며, 충분한 수면을 취하고, 적절한 운동을 하도록 한다. 자신을 좋아하게 만들기 위해 관리를 게을리 하지 않는다.

• 자신의 사진을 좋은 액자에 넣어, 자신에게 중요한 사람들의 사진과 함께 놓아두고 수시로 자신에게 경의를 표하라. 그리고 대화를 하라.

• 역사상의 위인이나 성인에게 경의를 표하는 것과 마찬가지로 자신에게도 경의를 품고 대하도록 한다. 정말로 그대로 될 테니까.

주변에 대한 사랑

• '다시 일어난다는 것'은 '문제'에 대한 집착을 끊고, '내적인 자신' 뿐만 아니라 자신을 둘러싸고 있는 세계와 연관성을 갖는 일이다. 사랑은 내부에서 빛을 발하여 밖으로 나가지만, 우주에서 그 사랑이 다시 반사되어 자신에게 돌아오는 것이다.

• 누구 한 사람도 똑같은 인간이 없다는 것을 멋진 일로 여기고, 미술·음악·문학 속에서 인간에 대한 깊은 애정을 발견해 보라.

'다시 일어난다는 것'은
'문제'에 대한 집착을 끊고,
'내적인 자신'뿐만 아니라
자신을 둘러싸고 있는 세계와
연관성을 갖는 일이다.

또한 아이들의 천진한 웃음, 일출과 일몰, 작은 친절 등 일상 속의 자잘한 것들에서 사랑을 느껴보라. 가던 길을 멈춰 서서 꽃을 가만히 어루만져 보라. 꽃은 자연이 부여하는 사랑의 결정이다. 사랑이란 발견하고 싶어 하는 마음만 있다면 어디서든 쉽사리 발견할 수 있는 것이다.

● 주는 사람이 되어보라. 베풀어줌으로써 상대의 마음이 열리고, 당신 자신은 물론 상대도 사랑으로 충만해질 것이다.

당신의 시간과 노력을 다른 사람을 위해 사용하라. 남을 위해 무엇인가 좋은 일을 하고 있을 때 나쁜 생각은 들지 않는 법이다.

가까운 시설을 찾아가 자원봉사를 해보는 것은 어떨까? 양로원도 좋고, 누군가의 아기를 돌봐주는 일도 좋을 것이다.

● 서로 간에 따뜻한 마음을 나누어보라. 애견을 어루만져주는가 하면, 낯선 사람과 상냥하게 인사를 나누는 것도 한 방법이다.

● 마음껏 다른 사람을 칭찬해 보라. 머지않아 당신도 다른 사람들로부터 칭찬을 받게 될 것이다. 그리고 남들로부터 칭찬을 받게 되면 순순히 그것을 받아들여라.

● 사람은 누구나 자기 나름의 방식으로 최선을 다해 사랑을 주고 싶어 하고 또한 사랑을 받고 싶어 한다. 그러므로 가능한 한 모든

사람을 이해하기 위해 배려하는 마음을 갖도록 노력한다.

● 사랑에는 멋지게 상황을 변화시킬 수 있는 힘이 있음을 믿어라.
어려움에 봉착했을 때, 두려움이나 불안한 심정이 아닌 사랑을 지니
고 대처해 보라. 틀림없이 생각지도 못한 좋은 결과가 나타날 것이다.

위에 나열해 놓은 것을 그저 읽기만 하지 말고, 그 뜻을 바로 이해하
고 실행에 옮기기 바란다.

자기 점검

사랑의 열정을 존중한다

오늘 당장, 지금부터 매일 실행에 옮기기를 권하는 구체적인 자기 점검이다.

1. 다음의 말을 몇 번이고 자신에게 들려준다.
   '내 마음속에 있는 사랑을 존중한다.'

2. 다음 상황을 마음속에서 조용히 떠올려보기 바란다.
   아늑하고 조용한 곳에서 편안한 심정으로 의자에 앉거나 누워서 휴식을 취한다. 그리고 눈을 감고 심호흡을 다섯 번 한다.
   한 번 숨을 크게 내쉴 때마다 몸의 긴장이 더욱 풀려가는 것을 느낄 것이다. 한숨과 함께 긴장감과 걱정거리가 온몸에서 빠져나간다고 상상하면서, 잠시 동안 편안하게 그대로 있도록 한다.
   이번에는 평상시의 호흡으로 되돌아가서, 숨을 들이쉴 때 빛과 따뜻한 온기를 들이마시고 있는 자신의 모습을 상상한다. 심장이 빛으로 충만해지면 점차 온몸 전체로 번져가는 것을 마음에 그려본다. 마음이 들뜨는 것 같으면서 기쁨이 솟구치는 느낌이 들지도 모른다.
   심장이 태양처럼 빛나고 있는 듯이 느껴지면 그 빛을 당신 주변에

확산시켜 가라.

당신은 지금 사랑에 충만하며 완전히 사랑에 감싸여 있는 것이다.

그 기분을 느끼고 싶은 만큼 그 자세로 계속 있기를 바란다.

3. 다른 사람에게 말로써 호의를 전해 본다.

다소 쑥스러운 생각이 들지도 모르지만, 일단 시도해 보고 나면 의외로 간단하게 할 수 있음을 알게 된다.

상대도 기뻐하지만 당신도 몹시 기분이 좋아질 것이다.

기적을 기대하라

내 인생을 완전히 바꾸어 버린 사건에 대해 이야기하려 한다. 9년 동안이나 게걸스럽게 폭식하고 토하는 일을 반복하고 있던 나의 폭식증은 나날이 그 증세가 심해지고 있었다. 하지만 내가 폭식증에 걸려 있다는 사실을 꿈에도 모르는 아버지가 어느 날 서인 도제도에 있는 베키아라는 작은 섬에 가게 되었는데, 나를 데리고 갔다.

거기서 지냈던 닷새 동안의 시간은 너무나도 좋은 날씨 속에서 꿈결 같이 흘러갔다. 아름다운 해변에서 자연을 마음껏 즐기며 그 지역에 사는 여인으로부터 바티크(디자인의 일종인 무늬)를 배우면서 지냈는 데, 그러는 동안 음식물에 대한 나의 '문제'는 이상할 정도로 말끔히 사라져 버렸다.

그곳에서의 마지막 밤에 꿈을 꾸었는데, 나는 그 내용을 이튿날 아침 노트에 다음과 같이 적어두었다.

'가제라고 하는 이름의 여인과 만났다. 그 사람은 다갈색의 윤기가 흐르는 머릿결을 하고 있었으며, 몸에 일곱 마리의 동물을 잉태하고 있었다.'

그리고 그 글 밑에 그 여자의 그림도 곁들여 그려두었다.

하지만 집으로 돌아오자, 또다시 음식물에 대한 강박증상이 시작되

꿈의 내용을 나는 노트에 적어 두었다.
'가제라고 하는 이름의 여인과 만났다.
그 사람은 다갈색의 윤기가 흐르는
머릿결을 하고 있었으며, 몸에
일곱 마리의 동물을 잉태하고 있었다.'

었다.

나는 먹고 나서 토하는 것을 반복해 가면서 천에 바티크 무늬를 디자인하기도 하고, 150㎝의 가제 인형을 만들어서 이것을 모델 삼아 디자인한 옷감으로 옷을 해 입히기도 했다. 나는 새롭게 디자인한 이 옷감을 팔기 위해 뉴욕의 백화점에 갔었는데, 모든 사람이 한결같이 옷감보다도 그 인형 쪽을 더 마음에 들어 하는 것이었다.

뉴욕에 다녀오는 길에 우연히 읽게 된 잡지 속에서 먹고 나서 토하는 증후군에 대한 기사를 발견했다. 그것은 그러한 증상에 대해 처음 쓰여 진 것이었는데, 나의 이상한 증상을 정확하게 표현하고 있었다. 게다가 더욱더 놀라운 사실은, 그 기사의 저자가 바로 내가 사는 집 근처에서 그룹 요법을 시행하고 있다는 것이었다.

이런 기적을 놓칠 수는 없었다. 이렇게 하여 나는 그녀 덕분에 '다시 일어날 수' 있는 계기를 마련했다.

그러고 나서 수개월 동안, 나의 인생은 극적인 변화를 이루었다. 서해안으로 이사를 했고, '다시 일어나기' 위해 계속 인내하면서 소프트 조형인형 만들기에 전념했다. 더구나 한창 그 인형을 팔고 있는 도중에 지금의 남편인 리와 만나 한눈에 사랑에 빠지게 되었다.

그것은 결코 작은 일이 아니었으며, 나는 기적이라 여겨졌다.

그러는 사이에 '가제 디자인'이 세계적으로 알려져 300개 이상의 도시에서 팔리게 되었다. 점차 나는 폭식증에서 탈피하여 내 자신의 이야기를 쓴 '가제 북스'를 출판하게 되었으며, 출판사까지 설립하게 되었다.

오랫동안 나는 '가제'가 무엇을 의미하는지 몰랐다. 그것은 나에게 있어서는 단순히 꿈에 등장했던 이름에 불과하다. 하지만 '가제'는 나에게 있어서 행운의 신과 같은 고마운 존재였다.

그녀 덕분에 나는 '다시 일어나는' 계기를 붙잡았으며, 지금의 남편과도 만날 수 있게 되었다. 게다가 소프트 조형인형을 제작하는 회사와 출판사까지 성공시킬 수 있었던 것이다.

'가제'는 내게 애정과 창조력을 지닌 인간이라는 사실을 증명해 주었다. 그녀는 나에게 있어서 나만의 특별한 기적이었던 셈이다.

꿈에서 가제와 만나 그 이름을 사용한 지 7년쯤 지났을 때, 바바리아 지방의 방언을 할 줄 아는 학생과 우연히 만났다. 그 학생은 '가제'의 철자를 보더니, 그것은 바바리아 지방의 시골 농민들이 흔히 쓰는 인사말이라며 확신에 차서 말했다.

직역을 해보면 '신에게 인사를 한다.', 혹은 '안녕하세요, 나는 당신에게서 신을 봅니다.'라는 뜻이다.

자각하든 자각하지 못하든, 자신을 좋아하게
되어가는 모든 과정은 당신 마음의 '내적인
소망'의 표현이다. 당신은 '다시 일어남'에
따라서 우주가 당신의 그 소망을 이루어주고
어 하고 있음을 인식하게 될 것이다.

그 불가사의한 꿈이 가르쳐주었던 이름은 그야말로 나에게 있어서
가제와 완전히 딱 들어맞는 의미를 갖고 있었던 셈이다.

자각하든 자각하지 못하든, 자신을 좋아하게 되어가는 하나하나의
과정은 당신 마음의 '내적인 소망'의 표현이다. 당신은 '다시 일어남'에
따라서 우주가 당신의 그 소망을 이루어주고 싶어 하고 있음을 인식하
게 될 것이다.

우주는 당신이 자신을 사랑하기를 바라고 있으며, 기적에 의해서
그것을 가르쳐주려 하고 있다.

피아니스트인 아사 루빈스타인의 말은 그것을 입증해 주고 있다.

"지금까지 나의 경험과 관찰에 의하면 자연, 신, 혹은 섭리라든가
창조주라 불리고 있는 존재는 인생을 무조건적으로 받아들이고 그것
을 사랑하는 사람에게 특별한 은혜를 베풀어주시는 것 같다. 그리고
지금의 나 자신이야말로 이와 같이 무조건적으로 마음으로부터 모든
것을 받아들이고 있는 인간 중 하나이다. 그러면 그 결과로서, 내적인
자신이 무의식중에 소원한 것이 어느 사이엔가 이루어져 있음을 알게
된다. 나는 그것을 기적이라고밖에 부를 수 없다."

우리의 잠재의식 속에는 자신을 사랑하고 싶어 하는 마음이 있는

것이 분명하다. 자신을 좋아하려는 노력을 하게 되면 '다시 일어날 것'을 촉구하는 내적인 음성을 통해, 자신의 진정한 바람과 만날 수 있게 된다. 그 음성, 그 마음속의 사랑은 애초부터 거기에 있었지만 '문제'가 우리를 갈라놓았던 것이다.

'문제'에 매달리지 말고 이 마음속의 사랑과 맺어지려고 노력하라. 그리고 그것이 가능해지면 누구나 똑같은 '핵'을 지니고 있음을 인식하게 될 테니 말이다.

우리는 이 내적인 위대함이라고 하는 공통된 연줄에 끈끈하게 연결되어 있으며, 그것은 항상 발견되기를 원하고 있다. 하지만 자기 자신을 사랑하기 전에는 그것을 깨닫지 못하는 것이다.

나는 자신을 좋아하게 되는 일이 수단이며 목표이기도 하다고 언급해 왔다. 자신의 목표를 이루려면 먼저 사랑하는 것을 실천하고, 다른 사람들도 사랑을 발견할 수 있도록 도와줘라. 그렇게 하면 자신의 마음속에 상냥함과 기쁨이 있음을 인식하게 될 것이다.

그리고 기적을 기대하라. 모든 일과 당신을 둘러싼 상황은 당신 자신을 좋아하도록 만들어져 있다. 우주는 당신을 지지해 주고 있으며, 당신은 충분히 그 지지를 받을 만한 가치가 있는 존재이다.

지금 소망하고 있는 것, '문제'에서 벗어나 다시 시작하는 것, 자신

기적을 기대하라. 모든 일과 당신을
둘러싼 상황은 당신 자신을 좋아하도록
만들어져 있다. 우주는 당신을 지지해
주고 있으며, 당신은 충분히
지지를 받을 만한 가치가 있는 존재이다.

을 좋아하게 될 것을 기대하라.

어쩌면 이 책을 읽고 있다는 것 자체가 하나의 기적인지도 모른다.

그렇다면 더 이상 바랄 것이 없겠다.

내 안에 있는 '나'와 대화한다

1. 별이 밝게 빛나는 밤에 어디든 안전한 장소를 찾아가자.

2. 누워서 그대로 밤하늘의 별을 올려다보라.

3. 잠자코 계속 바라보다가 15~20분 정도 경과하면 생각하고 있던
   바를 말해 보라. 바라고 있는 것이 무엇이든, 소리를 내어 모두
   말해 본다.
   '다시 일어나기' 위해서 꼭 바라고 싶은 것을 말해 보라.
   그리고 다음의 말을 중얼거려보라.
   '사랑은 항상 내 가슴속에 있었다. 그 사랑으로 나는 우주 전체와
   연결지어져 있다. 나야말로 무한한 사랑의 원천이다.'

나는 '문제'를
이렇게 극복했다

지독한 열등감을 이겨낸 엘머 토머스

상원의원이 되기까지, 나의 끝없는 도전……

지독한 열등감으로 인해 사람을 만나는 일은 물론, 한때는 삶을 포기하기까지 했던 엘머 토머스.

그가 어떻게 열등감에서 벗어나, 합중국 상원의원으로서 훌륭하게 그 임무를 수행할 수 있었는지 그의 이야기를 들어보자.

나는 10대 때부터 고민, 공포, 자아의식 과잉으로 고민에 빠졌었다. 나는 나이에 비해 키가 너무 커서 대나무처럼 몸이 가늘었다. 신장은 188cm이었으나, 체중은 불과 54kg에 지나지 않았다.

나는 이렇듯 키가 컸지만 워낙 허약해서, 운동을 해도 언제나 지기만 했다. 그래서 모두가 나를 바보 취급을 하며 놀려대곤 했다.

나는 그때부터 열등감 때문에 사람을 만나는 것이 싫었다. 뿐만 아니라, 만날 사람도 별로 없었다. 우리 농장과 집이 시내에서 떨어져 원시림에 둘러싸여 있었고, 도로에서 1km 가량이나 들어간 곳에 있었기 때문이다.

사정이 이렇다보니, 부모님을 비롯한 집안 식구들 이외에는 일주일 동안 외부인과 접촉이 없던 때도 있었다.

그런데 만일 내가 이러한 고민이라든가 공포에 휘말려서 주저앉았다면, 나는 인생의 낙오자가 되고 말았을 것이다.

내 신장은 188㎝이었으나, 체중은 불과 54㎏에 지나지 않았다. 나는 이렇듯 키가 컸지만 워낙 허약해서, 운동을 해도 언제나 지기만 했다. 그래서 모두가 나를 바보 취급을 하며 놀려대곤 했다.

나는 밤낮 자신이 키다리면서도 몸이 약한 것을 고민하며, 언제나 그 일에만 마음을 썼다. 어쨌든 나의 고통과 공포는 표현할 수 없을 만큼 격심한 것이었다.

하지만 과거에 선생님이셨던 우리 어머니는 내 기분을 잘 알고 계셨다. 그래서 가끔 이런 말씀을 들려주었다.

"얘야, 너는 공부를 해야 돼. 네 몸은 평생 너의 핸디캡이 될 테니까, 너는 두뇌로써 세상을 살아가야 한단다."

하지만 부모님께서는 나를 대학에 보낼 만한 재력이 없었기 때문에, 나는 스스로 길을 개척해야 한다고 생각했다.

나는 겨울방학을 이용해 숲 속에서 덫으로 족제비, 밍크, 너구리 등을 잡았고, 봄에 그 모피를 4달러에 판 다음 그 돈으로 새끼돼지 두 마리를 샀다.

그리고 그것을 판 돈으로 인디애나 주 단빌에 있는 중앙사범학교에 입학할 수 있었다. 나는 매주 1달러 40센트를 식비로, 50센트를 방세로 지불했다.

나는 늘 어머니가 만들어준 갈색 셔츠를 입어야만 했다. 어머니가 될 수 있는 대로 옷의 더러움이 보이지 않게 하려고 갈색 옷감을 고르셨기 때문이며, 때로는 아버지의 헌옷을 입은 적도 있었다. 그것은 몸에 맞지 않아 헐렁했고, 오래 신어 낡은 고무장화도 발에 맞지 않았다. 그 신은 신축성이 있는 것이었으나, 고무가 닳아서 늘 벗겨질 것만 같았다.

나는 다른 학생들과 어울리는 것이 창피해서, 대부분의 시간을 내 방에 틀어박혀 공부만 했다. 그 당시의 내게 있어서 최대의 희망은, 내 몸에 잘 맞고 다른 사람에게 부끄럽지 않은 옷을 사 입을 수 있게 되는 것이었다.

그런데 얼마 후에 나의 번민과 열등감을 극복할 수 있는 네 가지 일이 일어났다. 그러한 일들은 내게 용기와 희망과 자신감을 심어줬고, 내 일생을 백팔십도 바뀌게 했다.

그 일들을 간단히 이야기하면 다음과 같다.

첫째, 이 사범학교에 입학한 지 불과 8주일 후, 나는 시험을 쳐서 시골의 초등학교에서 가르칠 수 있는 3학년 수료 증명서를 받았다. 이 증명서는 6개월이라는 시한이 있는 것이었지만, 지금까지 어머니 외에는 아무도 인정해 주지 않던 나라는 인간의 능력을 다른 누군가가 공식적으로 증명해 주는 증거가 되었다.

둘째, 해피 팔로우라는 곳의 교육위원회가 월급 40달러로 나를 채용하기로 결정했다. 나의 능력이 다른 사람에게 최초로 캐스팅되는

얼마 후에 나의 번민과 열등감을
극복할 수 있는 네 가지 일이 일어났다.
그러한 일들은 내게 용기와 희망과
자신감을 심어줬고,
내 일생을 백팔십도 바뀌게 했다.

순간이었다.

셋째, 나는 최초의 봉급을 받아 곧 남에게 부끄럽지 않은 기성복을 샀다. 지금 누가 나에게 백만 달러를 준다 해도, 불과 몇 달러의 기성복을 사면서 느꼈던 그때 기쁨의 절반도 느끼지 못할 것이다.

넷째, 나의 일생에 있어서 획기적인 분기점을 맞이했다. 곤란과 열등감과의 투쟁에서 나는 최초의 승리를 거뒀는데, 그것은 인디애나 주 베인브리지에서 매년 개최되는 퍼트넘 군(郡) 공진회(共進會)에서 일어났다.

어머니는 나에게 거기서 개최되는 연설 콘테스트에 나가보라고 권하셨다. 하지만 당시의 나로서는 그러한 생각은 어림도 없는 것이었다. 나는 많은 사람들 앞에서는커녕, 단 한 사람을 앞에 두고도 말을 하지 못하고 어물어물하기 일쑤였으니까 말이다.

그러나 어머니의 나에 대한 신뢰는 가슴 아프게 느껴질 만큼 대단했다. 어머니가 내 장래에 대해 커다란 꿈을 그리고 있었음을 알고 있었기에, 나는 어머니의 신뢰를 저버릴 수 없어 마지못해 그 콘테스트에 나갔다.

나는 무모하게도 '미국의 학예(學藝)에 대해서'라는 연제를 택했다. 정직하게 말하거니와, 나는 이 연설의 준비에 착수했을 때 '학예'란 것이 무엇인지조차도 모르는 상태였다. 그러나 사실상 그것은 큰 문제가 아니었다. 왜냐하면 그것에 대해서 청중도 나와 마찬가지로 똑같이 모르고 있었기 때문이다.

나는 그럴듯한 미사여구를 꿰맞추어서 연설문의 초고를 만들었다. 그리고는 나무나 소나 말, 그리고 하늘에 대고 수십 번이 넘게 연습을 했다. 그토록 열심히 연습을 했던 것은 다만 어머니를 기쁘게 해주겠다는 일념에서였다.

그런데 뜻밖에는 내가 1등을 차지했다. 정말이지 어안이 벙벙해지지 않을 수 없었다.

청중 속에서 일제히 박수가 터져 나왔다. 한때는 비웃으면서, 내 얼굴이 여위고 뾰족하다고 해서 '뾰동이'라는 별명으로 나를 놀려대던 친구들마저 내 어깨를 두드리며 이렇게 말하는 것이었다.

"엘머, 우리들은 진작부터 알고 있었어. 네가 해낼 수 있을 거라는 것을……"

어머니는 나를 껴안고 기쁨의 눈물을 흘렸다.

지금 그 옛날을 돌이켜보면, 그 연설의 콘테스트에 입상한 것이 내 인생의 분기점이었음을 확연하게 알 수 있다.

지방신문은 나에 관한 기사를 1면에 게재했는데, 나의 미래는 크게

그때 콘테스트에서 입상하지 못했더라면,
나는 아마도 합중국의 상원의원이 되지
못했을 것이다. 그때의 입상에 의해 나의
시야가 넓어졌고, 나에게 잠재 능력이
있다는 것을 스스로 알아차렸기 때문이다.

기대할 만하다는 등의 내용이 쓰여 있었다.

어쨌든 이 1등상 덕택에 나는 일약 유명인사가 되었고, 무엇보다도 중요한 것은 내가 내 자신을 믿을 수 있게 되었다는 사실이다.

만일 그때 콘테스트에서 입상하지 못했더라면, 나는 아마도 합중국의 상원의원이 되지 못했을 것이다. 왜냐하면 그때의 입상에 의해 나의 시야가 넓어졌고, 그때까지 생각지도 못한 잠재 능력이 나에게 있다는 것을 스스로 알아차렸기 때문이다.

하지만 그 당시에 있어서 무엇보다도 고마웠던 것은 연설 콘테스트의 1등 상금이 중앙사범학교의 1년 장학금과 거의 맞먹었다는 사실이었다.

나는 그때 더욱 높은 교육을 갈망하기에 이르렀다. 그래서 나는 나에게 주어진 다음 2, 3년의 시간을, 가르치는 시간과 배우는 시간의 두 가지로 나누었다.

드 파우 대학에 다닐 학비를 벌기 위해 평소에는 식당에서 웨이터 노릇을 했고, 잔디를 깎거나 장부 계산하는 일을 했다. 또한 방학 때는 밭일을 하거나 도로공사의 인부 노릇을 하며 자갈 나르는 일도 마다하지 않았다.

1896년 대통령 선거가 시행되었을 때 나는 열아홉 살이었는데, 그때 윌리엄 제닝스 브라이언을 위해서 스물여덟 번이나 지원 연설을 했다. 브라이언을 응원하기 위해 열정적으로 연설하는 동안, 나는 나 자신이 정계에 투신해야겠다고 결심했다. 그리하여 드 파우 대학에 들어갔을 때 나는 법률과 변론술을 배우기로 했다.

1899년 나는 버틀러 대학과의 공동토론회에 우리 대학의 대표로 뽑혀, '합중국 상원은 국민투표에 응하라.'는 의제를 들고 토론에 참가했다. 나는 또한 다른 콘테스트에도 입상하여, 1900년의 대학 연보 ≪더 미라지≫ 및 대학신문 ≪더 파라디움≫지의 주필로 피선되기도 했다.

드 파우 대학에서 문학사(文學史)의 학위를 획득한 뒤, 나는 호레이스 그릴리의 충언에 따라 서남부로 갔다. 신천지 오클라호마로 간 것이다. 키오와, 코만치, 아파치 등 인디언 족을 위한 보호 구역이 개설되었을 때, 나는 자작 농지법에 의한 권리를 주장하며 오클라호마 주 로우턴에 법률사무소를 개업했다.

나는 오클라호마 주 상원의원으로 13년간, 합중국 하원의원으로 4년간을 근무한 뒤, 63세가 되던 해 마침내 숙원이던 합중국 상원의원으로 선출되어 1927년 이래 계속 재직 중에 있다.

이상의 이야기는 누구에게나 흥미 있는 내용은 아닐 것이다. 하지만

나는 오클라호마 주 상원의원으로 13년간,
합중국 하원의원으로 4년간을 근무한 뒤,
63세가 되던 해 마침내 숙원이던
합중국 상원의원으로 선출되어
1927년 이래 계속 재직 중에 있다.

나는 이 이야기를 나의 성공에 관한 자랑을 위해서 한 것이 아니다.

나는 그 옛날의 내가 괴로워하던 것 — 아버지의 낡은 옷을 입고, 낡은 신을 신고 있었던 — 과 같은 고민을 갖고 있거나 겁 많은 소심함, 열등감 때문에 고민하고 있는 가엾은 사람들의 마음에 용기와 자신감을 불러일으키게 하고 싶다는 바람으로 내가 '문제'를 극복한 이야기를 했을 뿐이다.

절망을 딛고 일어선 제이 C. 페니
난생 처음 하느님의 사랑을 느꼈다

세계 최대의 의류 체인스토어의 경영자 제이 C. 페니, 그는 처음부터 화려하게 사회에 뛰어든 백만장자가 아니었다. 현금 400달러를 자본으로 양복점을 개업하여 다락방에서 아내와 기거하면서 빈 궤짝을 테이블 삼아, 의자 삼아 그렇게 생활해 나갔다. 그런 그가 세계 최대의 의류회사로 성장하기까지는 피나는 인내와 노력이 있었던 것이다.

그러나 그가 앞만 보고 달려온 것만은 아니었다. 한때는 절망과 번민으로 모든 것을 포기한 적도 있었다.

그가 절망을 어떻게 극복했는지 그의 이야기를 들어보자.

오래전의 일이지만, 나는 참으로 쓰라린 경험을 했다. 나는 몹시 번민한 나머지 매사에 절망적이었다. 그런데 내 고민은 회사와는 상관없는 것이었다.

회사는 그런대로 기초가 잡혀 번창하고 있었지만, 나 개인이 심히 어리석은 거래 계약을 맺었던 것이다. 그로 인해 나는 커다란 경제적인 책임을 떠안게 되었다.

나는 고뇌의 극에 이르러 불면증에 걸렸고, 대상포진(帶狀疱疹)이 생겨 고통에 시달려야 했다. 그래서 고교 시절의 친구 엘머 이글스턴

> 나는 침대에서 일어나 펜을 들었다. 사랑하는
> 아내와 자식들에게 '밝아오는 내일 아침을
> 볼 수 없을 것.'이라는 작별의 글을 썼다.
> 그런데 다음 날 아침 눈을 떴을 때, 나는 아직도
> 살아 있다는 것을 깨닫고 너무나 놀랐다.

박사의 진찰을 받았다.

이글스턴 박사는 나를 진찰해 보고 나서는, 여간한 중병이 아니라고 경고했다. 그리고 병원에서 신병에 대해 엄중한 조처를 취했지만 아무런 효과도 없었다.

나는 나날이 쇠약해져, 정신적으로나 육체적으로 큰 타격을 받아 의기소침한 지경에 이르렀다. 아무런 희망도 가질 수 없을 정도로, 내게는 산다는 목적이 이미 없어져 버렸다.

나의 친구들도 조금씩 멀어져 갔으며, 가족들까지도 나를 포기하는 것처럼 느껴졌다.

그러던 어느 날 밤, 이글스턴 박사는 내게 신경안정제를 먹였다. 그러나 나는 금시 눈을 뜨고, 이것이 나의 최후의 밤이라고 생각했다.

나는 침대에서 일어나 펜을 들었다. 사랑하는 아내와 자식들에게 '밝아오는 내일 아침을 볼 수 없을 것.'이라는 작별의 글을 썼다.

그런데 다음 날 아침 눈을 떴을 때, 나는 아직도 살아 있다는 것을 깨닫고 너무나 놀랐다.

아래층으로 내려갔을 때, 아침 예배를 드리고 있는 이웃 교회에서 성가 소리가 들려왔다. 나는 지금도 그때 들은 '주 우리 지켜주시네'라는 성가를 똑똑히 기억하고 있다.

나는 발길이 이끄는 대로 그 교회로 들어가 거룩한 마음으로 성가와 성경 소리를 들었다. 그런데 여기서 갑자기 어떤 변화가 일어난 것이다. 나는 그것을 기적이라고밖에 달리 설명할 도리가 없다.

나는 불시에 암흑의 토굴에서 벗어나 따뜻하고 밝은 양지로 인양된 느낌이 들었다. 흡사 지옥에서 천국으로 옮겨진 듯했다. 나는 난생처음으로 신의 힘을 느꼈다.

그때 나는 나의 고민에 대한 책임은 오로지 나 자신에게 있다는 것을 확실히 깨달았다. 그러면서 하느님의 사랑의 손길이 내게 뻗쳐져 있음을 확실하게 자각했다.

그 순간 나는 고민에서 해방되었고, 매사에 감사하는 마음과 기쁨으로 생활할 수 있게 되었다.

그날 아침에 그 교회에서 보낸 20분은 나의 삶 안에서 가장 찬란하고 극적인 순간이었다.

시간으로 고민을 해결한 루이스

느긋한 마음으로 기다리면 '문제'는 사라진다

나는 고민으로 인해 내 삶 중 10년을 상실했다. 그런데 그 10년이란 세월은 보편적으로 볼 때 가장 결실이 많고 풍요로운 시기인 청년 시절 — 즉 18세부터 28세까지였다.

지금에 와서야 깨달은 사실이지만, 그 시기를 잃은 것은 다른 사람의 과오 때문이 아니라 온전히 나 자신의 잘못이었다.

나는 직업, 건강, 가족, 열등감 등 온갖 것에 대해 갈등하고 번민했다. 나는 일종의 공포감에 시달리며, 길을 갈 때도 아는 사람을 만나지나 않을까 하고 두려워했다. 그런가 하면 거리에서 친구를 만나도 외면하는 때가 적지 않았는데, 혹 상대방이 나를 모른 체하지나 않을까 걱정되었기 때문이다.

나는 누군가를 처음 만나면 말이 제대로 나오지 않아, 2주일 동안 세 번이나 취직에 실패한 적도 있었다. 왜냐하면 나를 고용해 줄지도 모르는 세 사람의 고용주에게 내가 무엇을 할 수 있는지를 말할 용기조차 없었기 때문이었다.

그런데 나는 내 친구 빌을 만난 이후, 마침내 고민을 극복하는 데 성공했다. 그리고 그때부터 지금까지 갈등하거나 두려워하는 일이 전혀 없다고 해도 과언이 아닐 정도로 자신감에 차 있다.

그때가 8년 전 어느 날 오후였는데, 나는 나보다 더 많은 고민을 가진 내 친구 빌의 사무실에 들렀다. 그런데 빌은 걱정이라곤 한 번도 해본 적이 없는 것 같은 얼굴로 실로 쾌활하게 나를 맞이했다.

그는 한때 많은 재산을 모았으나 얼마 지나지 않아 무일푼이 되었고, 그 후 다시 돈을 모았지만 그것 역시도 잃었다. 이로부터 3년 후에 그는 세 번째로 많은 재산을 모았으나 이때도 역시 실패했으며, 마침내는 파산을 선고하고 채권자들에게 쫓겨 다니는 신세가 되었다.

많은 사람들을 힘들게 만든 대가로 그들에게 끊임없이 시달림을 당했지만, 그는 용기를 잃지 않았으며 명랑하고 쾌활했다.

그러니까 내가 빌의 사무실에서 그를 만난 것이 지금부터 8년 전인데, 그때 나는 그를 바라보면서 '하느님께서 나도 저 사람처럼 만들어 주셨으면…….' 하는 생각을 하며 은근히 부러워했다.

어쨌든 그날 이런저런 잡담을 나누던 중에, 그는 아침에 받았다는 한 통의 편지를 나한테 건네면서 읽어보라고 했다. 그 편지에는 노기가 가득 담겨 있었고, 귀찮은 문제도 포함되어 있었다.

만일 내가 이런 편지를 받았더라면, 얼굴이 새파랗게 질려서 안절부절못했을 게 틀림없다.

나는 "빌, 자넨 어떻게 회답할 작정인가?" 하고 물어보았다.

그러자 그가 다음과 같이 대답했다.

"대개의 고민은 끈기 있게 기다리면
구멍 뚫린 풍선처럼 터지고 만다네."
그때부터 나는 빌의 충고에 따르고 있다.
그 결과, 나는 어떠한 '문제'를 앞에 두고도
고민하는 일이 없어졌다.

"내가 자네에게 하나의 비결을 이야기하겠네. 이제부터 자네에게 어떤 걱정거리가 생긴다면, 우선 종이와 연필을 준비하고 조용히 앉아서 '도대체 무엇이 고민인가?'를 자세히 써보는 걸세. 그리고서 그 종이 조각을 책상 맨 아래 서랍에 넣어두게. 그런 다음 두 주일이 지난 뒤 그것을 꺼내서 읽어보게. 그때도 고민이 계속된다면, 또다시 서랍에 넣어두게나. 2, 3주일을 그대로 내버려두어도 아무 탈이 없을 테니 말일세. 하지만 자네를 괴롭히고 있는 문제엔 커다란 변화가 생길 거야. 내 경험으로는, 대개의 고민은 끈기 있게 기다리기만 하면 구멍 뚫린 풍선처럼 터지고 말았으니까……."

나는 이 충고에 탄복하면서 전적으로 동의했고, 그때부터 나는 빌의 충고에 따르고 있다.

그 결과, 나는 어떠한 '문제'를 앞에 두고도 고민하는 일이 없어졌다.

마음의 평정을 찾는 몇 가지 방법

■ 자신의 마음을 평화와 희망으로 가득 채워라. '자신의 인생은 자신의 사고가 만드는 것'이다.
링컨은 말했다. '대부분의 사람은 자기가 행복해지려고 결심한 만큼 행복하다.'고. 이 말은 진리다. 사실 행복이란 내부로부터 생겨나는 것이지, 외부로부터 오는 것이 아니다.

■ 자신의 마음속에서 두려운 감정을 몰아내라. 그리고 아름다운 것들을 생각하라. 또한 사랑 앞에 겁내지 말며, 자신이 사랑하는 사람들이 자신을 사랑해 줄 것이라고 믿어라.

■ 정신적으로 게으름뱅이가 되지 말라. 머리를 비워두면 잡념이 집을 짓게 된다. 무엇이든 유익한 것을 배우며, 유익한 생각들을 머릿속에 담으려고 노력하라.

■ 은혜를 모른다고 고민하지 말라. 차라리 그것을 예상하라.
그리스도는 열 사람의 나병 환자를 치료했지만, 그에게 감사하다고 인사한 사람은 한 명밖에 없었다.
그런데 우리가 그리스도 이상으로 감사받기를 기대할 수 있을까?

■ 적에 대해서 보복하려 해서는 안 된다. 만약 그렇게 한다면, 적을 상하게 하는 것보다 훨씬 더 많이 자기 자신을 상하게 하는 결과를 낳고 만다.

■ 행복을 발견하는 유일한 방법은 기대하는 것 없이 남에게 기쁨을 주는 데 있다.

■ 남을 위해 조그마한 행복을 만들어내도록 노력하고, 자기 자신의 불행을 잊어버려라.
'그대가 남에게 선량할 때, 그대 자신에 대해서도 선량한 것이다.'

상처받은 나와 마주하기

1판 2쇄 인쇄 ㅣ 2020년 07월 27일
1판 2쇄 발행 ㅣ 2020년 07월 25일

지은이 ㅣ 린지 홉 · 리콘
옮긴이 ㅣ 김지영

펴낸이 ㅣ 윤옥임
펴낸곳 ㅣ 브라운힐
서울시 마포구 신수동 219번지
대표전화 (02)713-6523, **팩스** (02)3272-9702
등록 제 10-2428호

© 2020 by Brown Hill Publishing Co. 2020, Printed in Korea

ISBN 979-11-5825-085-0 03120
값 14,500원